1分鐘知己知彼，3句話創造雙贏！

讓人無法拒絕的四色人格溝通

巧用色彩心理學，人際互動情境全解析，
教你句句攻心，打動所有人！

COLORFUL COMMUNICATION

HR指定頻率最高的溝通力講師
莊舒涵（卡姊）——著

方舟文化

推薦序1

擁有出色溝通，創造精采人生

《上台的技術》、《千萬講師的50堂說話課》共同作者／
知名企業簡報教練　王永福

我們常常會聽到這樣的對話：「為什麼我說的，他都聽不懂？」「實在搞不懂，主管的心裡在想什麼？」「他真的很難搞耶！」如果你也跟我一樣，遇到過這些問題，本書就是你最好的救贖！

有一次老婆興沖沖的說要泡杯咖啡給我喝。原來是她新買了一款手沖咖啡，想要我品嘗看看。熱咖啡放在前面，我仔細的喝了一口，「怎麼樣？」她熱切的問。我很專心的再喝了幾口，然後開口說：「還蠻甘醇的。」她笑了一下。

我接著說：「但是入口後舌根味道有點偏酸，可能水溫有點低，妳剛才在泡的時候有沒有先溫杯？」聽完我這段分析，老婆的笑容不見了。

「你是說我泡的不好喝？那以後你自己泡好了！」接著轉頭離開，留下一臉錯愕的我，當時心想：「不是說要我給回饋嗎？我做錯了什麼啊？」

直到聽了卡姊的「出色溝通力」，才知道我「切錯頻道」，難怪會溝通不良。在先前的場景，老婆只需要一個真誠的感謝，不需要再談什麼「水溫」、「舌根味道」等專業術語。這些資訊也許專業，但卻不是她想要的！想一想，不論在生活或工作上，有多少場景是我們說出我們想說的，卻不是對方想要的資訊。當出現溝通不良時，我們又摸不著頭緒，不曉得問題在哪裡？

在學習了卡姊的「出色溝通力」後，現在我會在重要的時刻停下來想想：「這是我想說的？還是對方想聽的？」「這樣的溝通頻道對嗎？有效嗎？」身為一個簡報教練及講師，卡姐的「出色溝通力」，讓我可以在指導學員時，更確實有效，也更快能達到預期的成效。

認識卡姊十年了，寫這篇文章的前幾天跟她同教一門課，突然看到一張十年前上課的相片。相片中的我站在台上教課，她在台下聽課；而十年後的現在，換成她在台上教課，我在台下欣賞她上課。這一路走來，相信她付出許多的努力，才有現在出色的教學成果。而其中「出色溝通力」，一定也是帶著她擁有現在成就的關鍵。

如果你還沒機會上到她精采的課程，這本好書，能讓你學到其中的精髓。只要應用書中「投其所好，換檔溝通」的技巧，相信不只能讓你擁有出色的溝通技巧，更能創造精采萬分的人生！

我誠摯向你推薦這本好書！

推薦序2

溝通不只要「知己」，知彼更重要

諮商心理師　許皓宜

還記得某個午後，在小卡老師（現在大家都稱呼她為「卡姊」）課程滿檔的工作日，我硬是拉出了一個小時和她喝咖啡。在人來人往的台北車站，一人一句聊著彼此的工作、夢想……。在那席談話中，我最有興趣的便是向小卡老師挖寶——打探她知名的課程「出色溝通力」，為何能造就如此好的口碑與佳績？

溝通要「知己」「知彼」，對心理諮商而言是件非常重要的工作；同樣的一句話，用不同的語氣和態度表達出來，在聽者耳裡便會產生不同的結果。許多人之所以會在溝通上感到挫折，常常是因為無法「知己」、更不懂如何「知彼」，最後僅僅困在某些無解的事件中，感到無盡挫折。

這是我要推薦小卡老師這本書的原因。小卡老師最厲害的地方，就是跨域整合了職場和心理人格的語言，用藍、綠、金、橘四個顏色，精確描述你我在溝通

上的特質。這點相當符合我對小卡老師的認識──她的腦袋清晰敏捷，有著我自嘆不如的理論架構能力，加上她身上某種神祕且自由奔放的特質，讓這堂「出色溝通力」堂堂滿座，幫助無數為溝通所擾的人。

現在，欣見小卡老師展現了說話以外的文字專長，將出色溝通的概念揮灑成鏗鏘有力的數萬字，毫不保留地告訴我們四種顏色的人物溝通特質，提供我們一條「知己」的有效道路；接著筆鋒一轉，整理出各種職場中困住你我的僵局，用「出色溝通」技巧讓我們明白如何「換檔」，在「知彼」與「知己」之間達到一個溝通的平衡，創造你我都滿意的結局。

本書的出版，無疑打開了溝通理論的新視野，讓我們用更貼近自我、更貼近人的方式，來面對這個生命難題。

以往，小卡老師讓我偷偷羨慕的地方，便是能成為我所景仰的職場大師謝文憲（憲哥）欽點的關門弟子，現在她又多了一項令人欽羨的地方──就是證明，一個如此會教課的講師，也可以是一位出色的作家。

推薦序3

正確辨認顏色，讓溝通更有力

中傑鞋業股份有限公司副總經理　賴彥良

寒冬中的一個午後，卡姊的訊息突然從手機中跳出，拿起電話回撥，卡姊在電話那頭提到了希望我能為她即將出版的書寫序，心中突然浮現的是「我何德何能，怎麼有辦法擔此重任？」但她的一句話徹底地打開了我的心房，「賴副總，這件事我和編輯都認定了您可以的，真的!!」就這麼一句話，已深深的讓深橘色的我頓時有了「捨我其誰，赴湯蹈火在所不辭」的情懷，我想這就是出色溝通力的魔力吧！

和卡姊的初次見面緣自於憲哥為我們公司安排的一場內訓，電話的那一頭憲哥提到：「你們公司需要的內訓包含跨部門溝通的課程，我希望這部分由莊舒涵老師來帶領，她這部分的專業可是連我都望塵莫及的。」當下只覺得「喔，好吧！」心中其實不是很踏實，不過經過了半天的培訓後，卻發現這位個頭不高、身形略顯單薄的小女生，身上卻充滿了正面能量及溝通的魔力。她總是能找到不同的溝通方式引領公司的成員們達成共識，除了一些專業領域上的指導外，課後最讓我好奇的是卡姊如何能讓每個人都欣然接受她的想法？她如何擁有如此高超的溝通技巧？晚飯的一席談話讓我更堅定的想一探究竟，為什麼卡姊一口氣就認定我是橘色的特質呢？就這樣我參加「憲福育創」所舉辦的「出色溝通力」課程。

課程一開始不用我說，我想各位讀者也猜得到，我果然是天生的橘星人，課程中，每一個環節猶如書中詳盡的描述，對於藍綠金橘的各項特質做深入的分析，讓每個人能夠充分的了解各個顏色所展現出來的性格與表現，透過這樣的了解並強化對每個顏色的認識，來練習及培養對自己及身邊所接觸之人的解析。

課程結束後，我曾經有一段時間很擔心，會把所學習的很快都還給了卡姊，幸運的是，卡姊似乎聽到了我們的呼喚，現在將這一套溝通祕笈集結成冊發行上市。接下來，讀者們應該和我一樣會帶著這一本祕笈行走江湖，我們將先「硬」著用，再自然應用在這充滿溝通的多元生活中，這樣一本好書，值得我誠摯的推薦！

推薦序4

清楚辨色，換檔溝通，輕鬆變身溝通高手

知名講師／作家／主持人　謝文憲

我認識舒涵（大家叫她卡姊，我稱她小卡）六年，就像是六十年這麼久，我們不像師生，更像朋友，或像家人。

她在事業低潮的時候認識我，那個時候的我正處高峰，而這六年，我們一起走過高峰與低谷，事業、生活、還有人生。

我承認有些關鍵時刻，我的原則特多，不是這麼容易被擺平，而無意間發現小卡都能與我溝通無礙，暢所欲言。她不但一面可以順著我的意，一面又可以左右我的意。起初我也不曉得她哪來的熊心豹子膽，有時跟我說話沒大沒小，但她就是可以知道與我溝通的要領，總能讓我被她說服。

第一次「出色溝通力」在「憲福育創」開課的時候，我才終於明白，這是她

獨到的「換檔溝通，看人辨色」的獨門心法，她不僅專業素養厚實，授課技巧更是獨步同儕，超越前輩。

若想了解她在講師事業快速竄紅的主要原因，我想歸納成三個重點：

1. **走過低潮，方能享受攀高的快感：**她在過於年輕時選擇創業，一則以喜、一則以憂。喜的是衝勁十足、以一擋百；憂的是底蘊尚淺、取捨失當，以致她的創業初期，吃了不少苦，成效也普通。我跟福哥都常勸她，要能聚焦、要能捨去，她聽了我們的建議，臥薪嘗膽、聚焦更小的領域，如今，是該她發光發熱的時候了。

2. **要在人前閃耀，必嘗人後苦藥：**包含她寫書、製作課程教具、發展課程教案，都有著台灣阿信的精神，那種跟她外表完全不相稱的個性與特質。她可以把自己關在家裡三天三夜，足不出戶，不達成效、絕不罷休，讓我好幾次都擔心她會不會餓死？如今，我都不擔心這些了，我反而擔心書籍出版之後，她會走上講師的天平另一端——累死，因為，她身上擁有的，全都是王牌講師的驚人特質。

3. **深諳換檔溝通技術，熟知辨人辨色要領：**這絕對是她快速竄紅最主要、也是最重要的原因，其中的祕密與訣竅，都寫在這本書上了。

若你是以下幾類朋友，不用考慮，就是這本書了：

1. 無論是夫妻相處、家庭溝通、部屬帶領、向上管理，總有麻煩事困擾你的讀者。
2. 天天面對客戶，成功機率卻不高，想要提升成交打擊率的業務夥伴。
3. 面對關鍵溝通對象，卻始終不得其門而入的苦惱人士。
4. 年輕的職場工作者，想要做好溝通，職涯平步青雲，卻不相信自己真的可以做到的年輕朋友。
5. 想上「出色溝通力」實體課程，卻負擔不起學費，但真的很想學習溝通技巧的夥伴。

憲哥強力推薦本書——掌握溝通換檔的技巧，人際關係必備的良藥，學習藍金綠橘的特質，送禮自用皆宜的好書。

出色學員推薦（按姓氏筆畫順序排列）

- 「出色溝通力」真是一套簡單容易上手的溝通技術，透過觀察來了解對方的處事邏輯與思維模式，可讓自己換檔溝通，更能同理對方，不管對內或對外，都能增進好人緣，事事都能圓！

  機械公司業務經理　Emma

- 卡姊是近幾年我遇過最認真探尋自己天賦的優質職業講師，透過她多年自我探尋的成果與用心研發的出色溝通術，引導您找出真實的自我，善用不同顏色的人格特質，在職場上與他人或主管找出自己最佳的溝通與衝突應對處理技巧。

  兩岸跨國企業爭相指名的財報職業講師　林明樟

- 給顧客個人化的服務，卡姊以「出色溝通力」有效、有創意、有系統的工具教導，協助快速辨別、迅速應變，使顧客感受有溫度的服務。

  曼都髮型經理　池皓農

- 溝通是每個人一生都在修習的功課。然而即便如此無形的能力，運用好的理性工具分析，是可以有機會在短時間功力大增的。透過卡姊的課程中學習藍金綠橘的不同特質、進而知己知彼，再輔以適時換檔技巧，在生活與工作中時常練習「耐性子學緩和、測風向學彈性」，你我都是無往不利的溝通達人。

  邦訓企業管理顧問有限公司執行顧問　呂淑蓮

- 工程師適合如何學習溝通技巧呢？卡姊會先讓我們測出自己與辨識他人的顏色，之後針對四色互動對象學習如何投其所好、適時換檔。是一套符合工程師日常解決問題思維的溝通工具，運用多元、有效的說服策略，邁向更寬廣的職涯發展！

  漢磊科技人力資源發展部部經理　李燕萍

- 上過卡姊的「出色溝通力」，才發現人與人之間脫離不了藍、金、綠、橘這四個角色，只要掌握了這四元素，適時轉換，讓你溝通無障礙。

台灣高鐵站務督導　張曉芸

- 無論是伴侶之間的相處、職場上上司與部屬的應對進退、親人之間的溝通，只要是牽扯到人的，通常都很難！本書透過四色的個性與屬性生動的拆解其中「沒有說的祕密」，讓我們讀完後，可以立即把所學應用在生活中的人際關係裡。

惠普軟體專案經理　郭耀維

- 我是個很愛探索自己是誰的人，從心理測驗、星座，到人格分析測驗等，很多人會說你不像××座耶，你真的是這號人格嗎？讓我越來越迷惘，直到接觸「出色溝通力」後，我了解到每人身上都有四種色彩的影子，我終於理解自己的矛盾性格怎麼來，也開啟了看人的新視野。

新豐國中巡迴特教老師　陳睿穎

- 兩年前邀請卡姊幫公司同仁培訓「出色溝通力」，這課程讓每個學員除了了解自己的同時，也學著換檔用他人的模式開啟人際溝通之門。前不久有同仁分享，他上完課後將所學應用在和女朋友及客戶的互動上，有如醍醐灌頂，打通溝通能力的任督二脈。卡姊的課超棒！

台灣費森尤斯醫藥股份有限公司人資暨行政部門處長　陳玉貞

- 受不了上司的無理要求，為啥怎麼做怎麼錯？別遲疑，就是這本書可以讓你脫胎換骨由逆轉勝，你還等什麼呢？

三鳳宮通關　陳俐君

- 在公司HR費心安排下，參與「出色溝通力」演講，毫無冷場的過程及精采內容，使我們體驗到卡姊的專業及舞台魅力，讓我們能對症下藥，找出真因。

亞洲光學　**陳子豪**

- 學了卡姊的「出色溝通力」之後，許多以前想不通的溝通盲點，都能瞬間得到合理解釋。這是一個能快速認識自己、了解旁人的實用溝通工具，每個人、每個角色都用得上！

雲飛語言文化中心創辦人　**游皓雲**

- 溝通是一件難事嗎？「出色溝通力」幫助我從「我想增加溝通力」進階到「我能用最有效的方式溝通」。有COLORS，溝通變得超出色。

塞凡提品格藝術幼兒園主任　**程瑤**

- 卡姊的「出色溝通力」深入淺出，除了了解自己的個性，也知道該如何與人應對，投其所好，達到彼此雙贏的境界。

公勝保經事業部經理　**黃將偉**

- 我接觸過許多管理課程，卡姊的「出色溝通力」成為我在職場的管理運用上，非常好的個性分析依據。非常推薦卡姊的課程與書籍，我相信大家一定能在輕鬆、歡樂、會心明瞭的氛圍中，更了解、明白自己的！

中鼎電路經理　**黃淑芬**

- 謝謝卡姊魔力，讓我瞬間打通任督二脈，柔軟了溝通，使團隊間換位思考，工作更有效率。

亦立科技業務專員　**黃彥智**

- 出色溝通力讓我們的同仁更加了解自己，並學習對不同特質的人進行有效溝通，「知己知彼、百戰百勝」，卡姊的熱情專業也喚醒我們同仁們那顆單純的初衷。

新光人壽保險股份有限公司　葉怡廷

- 上過卡姊的「出色溝通力」才恍然大悟，是因為顏色不同的我們，彼此就像是色盲一樣，當然無法進行良好的溝通，透過簡單的小技巧，讓我隨時切換顏色，溝通不卡帶。

馬偕醫院護理師　趙一蓉

- 溝通就像抽獎，內心想中獎，開出來卻往往是「銘謝惠顧」，更多的是「再試一次」。上過卡姊的「出色溝通力」課程後，改變溝通方式，少了阻礙，做事快一半。

戴德森醫療財團法人嘉義基督教醫院護理長　趙一靜

- 上完「出色溝通力」課程後，打通我的親子溝通障礙！四色溝通無所不在，卡姊的課堂金句，有強效催眠的作用，讓人不自覺的應用。這是職場的即戰力，更是我親子溝通的必殺技！

訢辰麻醉鎮靜團隊個案管理師　劉珮羚

- 只要上過「出色溝通力」，都能了解共同的暗號，例如提醒輔導員給回饋時，不要那麼「綠」，就算是實話，也很容易傷人，可以先用「藍」說說他表現好的地方。沒想到，下一階段輔導員馬上改變回饋風格，這真是超實用的溝通技巧啊！

「憲福育創」情境式銷售專任講師　蔡湘鈴

- 「出色溝通力」這工具簡單易懂好上手，透過卡姊精闢的分析，每一個案例都讓人頻頻點頭稱是，容易使用在生活中，讓我在工作、感情、家人間換檔無礙，幫助極大。

世新大學產學合作處　鄧智光

• 剛踏入職場從事銷售工作，前輩就耳提面命：「觀其人察其言，見人懂得說人話，工作就能無往不利。」問題是您知道對方是哪一類人嗎？只要有了這本書，就能用四種顏色教您一眼看對人、溝通無礙！

世紀智庫管理顧問股份有限公司營運長　鄭均祥

• 上了「出色溝通力」課後得到最大的改善，是跟妹妹的關係。過去我妹妹很討厭找我討論任何事情，上完課之後，發現妹妹是藍色人，受不了我這種批評式教育的風格，我開始學著怎麼用溫和不刺激的方式給她建議，果然化解了彼此的誤解。

商智資訊專案管理　蕭慧雯

• 卡姊的「出色溝通力」，必能打通您「溝通」的任督二脈，讓您提早成為職場真正的武林高手。

和潤企業企劃管資部副課長　謝志欣

• 溝通是我們每天都在做的事，上完卡姊的「出色溝通力」後，將課堂上學會的「變色換檔」溝通技巧應用到工作上，與人摩擦的機會變少了，關係變好了。因為這樣，身邊的同事、學妹們也都紛紛報名參加卡姊的課程，而且好評不斷。

花蓮基督教門諾會醫院專科護理師　蘇柔如

新版序

搭起人際橋梁，讓人生更出色

二〇二〇的這場疫情，以講師培訓工作為主的我受到極大的影響，被衝擊的不單是收入，對於未來的恐懼與擔憂更甚。我透過學日文、練跳鋼管渡過沒課的日子，自覺迷茫中很是消沉，直到五月底淑雯總編輯傳來一個訊息，讓沉寂的我為之一震。

「《翻身吧！我的溝通力》（本書初版書名）剩下兩百五十八本就要再刷了～方舟文化還是持續不斷透過各式各樣的書展推動本書中。很希望這本書再次攻占書店平台，下回再刷時，我們重新設計書封，再上一次平台，您覺得如何？」

這本書的影響力比我想的還要來得深遠，除了從出版社的銷量版稅通知可見，三不五時也會有讀者在粉絲專頁或郵件中分享應用或提問，開心地說著面試上辨識主管顏色性格再應對的優勢；也有挽救回婚姻的太太，不再看不順眼先生的行為，而是懂得他獨有的性格特質加以溝通；最多的則是職場中各式各樣的人際溝通效率能有所改善。

這兩年也因為書的內容受到青睞，受到多家企業邀請授課，讓 COLORS 導入公司作為全體員工的溝通暗號。然而這一切的成就，隨著疫情的到來，只讓我這橘色人深感「爬得多高就摔得多痛」。

謝謝五月時方舟的這個再版計畫，給了我信心，更給了我再出發的鬥志。六月起我立刻著手研發，產出溝通系列產品：與 hahow 好學校將 COLORS 開發成線上課程，也和 SmartM 大大學院錄製「搞定主管十八招」課程；同時也用了半年時間寫了第三本書，談各種情境下與各式主管的應對技巧。這些作品都將在二〇二一上半年一一推出。

此刻正在富里學田國小當著一週志工的我，昨天收到淑雯總編告知，書庫存剩下七十八本的訊息，下一秒就立刻收到主編昌昊傳來的新書名「讓人無法拒絕的四色人格溝通」和書封。疫情的無情下，卻讓我感受到身旁一個個貴人的推波助瀾。

我更要謝謝從二〇一八年隨著書的出版，透過「卡姊出色招待所」大力推廣COLORS的十八位小編：智光、Christy、程瑤、瑀琳、柯南、罐子、兔小妹、瑪蓮、阿西、Rex、Satura、兔兔、Joan、逸雯、得智、柔如、小罐、好溱、Emma；以及六位出色授課講師：得智、柔如、小罐、好溱、Emma和必彰。因為有你們一路的陪伴，才能讓COLORS被更多人看見；因為被看見，讓更多人克服了溝通的障礙，也讓溝通結果加速、加成。

期待，正在翻閱這本書的你，都能因為COLORS讓你的工作、生活、生命更加不同，祝福你出色人生、生活出色！

二〇二〇年十二月四日，寫於花蓮富里

自序

辨色溝通、換檔無礙，知己知彼、百戰百勝

認識且熟練 COLORS 溝通系統，是我在職場時翻身的關鍵。

讓年資最菜的我，被多次賦予主導與各事業部門的重大培訓和專案活動，無論是向上溝通或跨部門協調，都因為辨色後的變色溝通，進而共創好績效。踏入講師市場，更因為「COLORS 出色溝通力」課程，讓我從校園講師翻身成為企業指定率最高的溝通技巧培訓講師。

但是，當講師其實不在我的職涯計畫中。

七年前我奮不顧身執著的創業，成為一位講師，花了好長一段時間的跌撞與摸索，直到這兩年才漸入佳境。出書，更不在我的人生計畫裡。

這二個月我沒日沒夜毫不藏私的敲打出第一本書，這次沒有花很久時間，因為從一開始我就在正確的道路上。

二〇一六年，我在寫了上百篇流量稀少的部落格溝通文章後，很幸運的，四月十三日那天，參加一堂轉變我寫作方法的寫作課；經由何飛鵬、謝文憲、王永福三位專業老師的指導與鞭策下，深覺自己的文章不是內容不夠好，而是表達方式不對。課後我依循著熱門文章寫作原則與技巧，改變自我寫作架構與模式，持續不停的寫。半年後，在金鐘獎男主角吳慷仁發表得獎感言後的深夜，我寫了篇〈我們不是最有天分的，但我們可以當最努力的那一個〉，當晚，吳慷仁的演技受了評審肯定，而我的這篇文章也很幸運地備受青睞——一千多次的轉分享、八萬多次的瀏覽記錄。成功沒有捷徑，唯有抓住對的方法，把握每一次努力的機會，否則用不對的方法努力，再多次也是白費。

有了這次經驗，伴隨著「出色溝通力」課程在台灣市場拓展，讓我更有信心，用更高的頻率、更聚焦地寫出一篇篇和性格溝通相關的文章，無論是課程或文章都深受學員們與讀者的喜愛。

這本書能夠順利完成出版，最大功臣非潔欣莫屬，第一次拿到完整書稿時，我一度懷疑這是我交出去的稿子嗎？她化腐朽為神奇的專業編輯架構功力，大大提升易讀性，讓我對編輯工作更加敬佩。

此外，在寫書的這段時間，社群賜與我單打獨鬥時無法擁有的力量。「出色溝通力」社群裡的學習夥伴們，藉由不斷彼此相互交流討論著藍、金、綠、橘的性格，無論是請求招式、拒絕方法還是衝突化解，在在都豐富了這本書的實用與價值。

在寫作、講師事業，或是學鋼琴的路上，我很幸運都能跟著有實戰經驗且最頂尖的教練學習，他們教導我最佳的方法原則與模式，點出當中的訣竅密技，加上我的刻意練習，調整改變舊有的習慣模式，最終都有個讓自己也感到驕傲的成果。

可以說，我能走到今天，不可否認地，自己的加倍認真與執著是最大功臣，但如果沒有憲哥、福哥和「憲福育創」，就不會有今天的我，是他們用前輩的智慧與無私提攜，讓我開始在這條路上走得順遂，可以說，是他們成就了我。

我要特別感謝憲哥，是您的牽線促成了出書的機會，是您的刺激加速這本書的完成，更是您簡單兩三句的指引，讓我在倫敦飛往冰島的飛機上，終於寫下了這篇序，謝謝您出現在我的事業、生活，以及生命中。

而在寫這篇文章時，我正搭著飛機在天空中，我想將即將完成這本書的喜悅，分享與獻給我最敬愛一樣身處在天上的李艷處長，謝謝妳當年很藍色的告訴我：「I'm proud of you.」我會期許自己永遠讓妳以我為榮。

2018.02.27

前言

「COLORS 出色溝通力」緣起

過去在職場中愛團購的我，常常一發起就爆團，而從事講師一職後，朋友或學員們更是常說被我推坑上了好課、買了好書、看了好電影。識貨力和影響渲染力，似乎是一種天賦。

二〇〇七年，我在東元電機從事教育訓練工作，在礁溪老爺酒店為高階主管安排兩天一夜的培訓課程，當日培訓內容是，透過顏色來教主管們認識人格特質，與進行團隊性格盤點。課程中，難得看到主管們頻頻點頭，直呼：「這測驗真的神準無比！」

回到職場後，他們也都說這套工具相當好用，當時一位劉廠長還特地寫信來告訴我：「這是我進公司二十多年來，印象最深刻、最有收穫的培訓。」

那年的尾牙，我依著各主管的顏色性格，用不同的溝通模式，讓這間五十年的傳統產業，年資、年紀都相當資深的高階主管們接受變裝秀，在當時只有科技業會做如此大膽的嘗試，能辦到實屬不易。

藍色主管就用撒嬌模式請求他們變裝；橘色主管只要把他們說得好神，他們就會自己來；金色主管更容易，只要告訴他們這是今年的主題自然會全力配合；而不太喜歡這個主意的綠色主管，也在我以他們所重視的「公司策略願景」的說法包裝下，接受了變裝的嘗試。

那年尾牙在我們人資部門出色的團隊合作下，讓東元這間逾五十年的老公司生龍活虎了起來，還得到全公司同仁和總經理、董事長特別的肯定。

我自己將這套心理系統工具運用在溝通上百戰百勝，於是我開始試著將唐・羅瑞（Don Lowry）創建的 True Colors 用顏色來分辨性格的精髓抓出來引用，再搭配溝通的元素，以及如何察言觀色並透過互動來辨識他人性格，進而投其所好、換檔溝通，設計了「出色溝通力」的課程。

從企業內部講師一職，一堂接一堂幫同仁上課深獲好評，到二〇一三年我開始擔任專職企業講師後，在台灣、大陸幫各大企業培訓或演講，讓大家認識COLORS，並將其運用在向上傳達、教導部屬、跨部門以及同事與顧客間的溝通上。

二〇一五年迄今在台灣兩年半的時間，我前後與「清涼音」和「憲福育創」合作開了十三場公開班，堂堂爆滿，眾多學員哀號搶不到名額，而上過課的學員總會告訴我：「COLORS，是溝通上最好的口袋工具，終身且處處受用。」

課程中，我們讓大家先透過性格測驗，得出藍、綠、金、橘四種顏色性格屬性的分數，而顏色的組成也說明了自己在溝通模式上的強弱項與習慣。再以各種教學方式，像是影片、圖卡、案例等等，讓他們未來能透過他人的言行舉止與互動模式，來辨別對方所用的溝通模式為何，也就是所謂的「辨色」。

最終，我們期望的不是像算命師一樣到處解析別人的性格，或是指正別人的溝通方式，而是能夠**透過這套工具更加了解別人習慣和喜歡的模式，然後讓自己「變色」，換個對方想要或是對對方有用的技巧，來讓溝通更加順暢。**

這五年來，在台灣已有將近七千位學員認識 COLORS 這套工具，應用「辨色」與「變色」技巧，讓他們在職場、家庭、生活中都能「投其所好，適時換檔」，以達到良好的溝通成效和結果。

然而，一個人的時間總是有限，我無法承接所有的企業、機構邀約上課，更無法開設無限的公開班，讓每個人都有機會走進「出色」的教室裡，於是出版社幫我想到了一個兩全其美的方法。

二〇一七年九月，我們決定一起將 COLORS 這套溝通工具出版成書，希望透過更好的詮釋，增加培訓課程中無法花過多時間琢磨的篇幅。

期許大家經由這本書認識 COLORS，除了書中提供的測驗，能讓你更加了解自己的性格外，更期待你藉由書中的四色性格解說，以及四色在溝通上的相異模式，在溝通互動間辨識他人性格，知己知彼，百戰百勝，展現無往不利的出色溝通力。

【COLORS 出色溝通力測驗】

你是什麼顏色的人？

【測驗說明】

一、請逐題回答，每一題的描述選項，從最符合你的狀況到最不符合的依序填上4、3、2、1的分數，每個分數只能用一次。

例如：我認為自己是什麼樣的人？

3 溫和　4 智慧　2 負責　1 樂觀

二、十題都完成後，由上到下將A、B、C、D各行的分數分別相加計算。

三、將A、B、C、D各行的分數填在最下方「小計分數」的欄位中。

＊提醒：最符合的填4。A、B、C、D四個小計分數相加總分須為一百分，才表示填寫與計算無誤。

A	B	C	D
1. 你在工作、專案執行或報告呈現上			
□重視團隊和諧	□強調專業依據	□注重細節流程	□目標成果導向
2. 你在做計畫時會優先考量的是			
□意見、創意	□目的、效率	□方法、細節	□成效、有趣
3. 你在做決策時的考量會是			
□內心感受	□願景連結	□風險評估	□機會把握
4. 你遇上挫折時的反應			
□消極抵抗	□選擇退縮、不想面對	□憂心忡忡	□心理上迴避
5. 面對衝突時，你的做法是			
□掩飾情緒感受	□掌控全局、心生防衛	□依原則和規範處理	□強力說服對方
6. 別人對你有所請求時，會帶給你什麼困擾			
□怕對方失望	□容易被認為無情	□被認為不懂變通	□怕被認為不夠義氣
7. 與人互動交談時，你會			
□敏銳觀察對方變化	□長話短說講重點	□規矩嚴肅以待	□表情豐富、活力充沛
8. 生活上，你呈現的樣貌偏向			
□真誠、慈悲、同理	□理性、好奇、果斷	□負責、守時、安定	□衝動、冒險、勇氣
9. 你給人的印象是			
□積極傾聽者	□問題解決者	□務實可信者	□影響號召者
10. 別人對你做什麼事情，會讓你因此受到激勵			
□受到讚美、重視	□方法被採用	□備受尊重肯定	□面對挑戰、競爭
A 小計分數：__	B 小計分數：__	C 小計分數：__	D 小計分數：__

【分數意義解說】

A欄位代表**藍色**性格的分數。

B欄位代表**綠色**性格的分數。

C欄位代表**金色**性格的分數。

D欄位代表**橘色**性格的分數。

性格沒有好壞，只有差異之分。

你可以用分數來做檢視，**分數越高的性格，代表你平時慣用的溝通模式和行為，**你會發現有可能是兩個、甚至三個顏色分數都差不多。**如果只有其中一個分數特別高，代表你在溝通模式上性格獨特鮮明，**別人只要多與你互動幾次，就能觀察出你如出一轍的溝通方式。

假使你四個顏色的分數都差不多，表示別人在與你的互動中，較難以觀察、捉摸出你的溝通互動習慣與模式。無論是任何組合模式都沒有所謂的好或壞，這只是讓你更了解別人眼中的你。

分數最低的顏色，代表的是你不善於以此顏色性格與人互動溝通，而這個顏色反倒是你需要刻意加強留意的，因為這往往是造成你與他人在溝通上誤解，或者是認知、價值有所差異的關鍵要素。

這套COLORS工具，並非要你在了解自己的性格後打掉重練，而是要你在**與他人進行各種溝通和互動時，藉由所展現的行為舉止及思維模式，去觀察和判斷他人喜歡和習慣的方法。**接著善用自己的優勢，辨識對方慣有的溝通模式，在權衡之下決定如何說、如何做才能達成有效的溝通。

開始囉！請注意！

目次

COLORS

PART4 辨色應用：換檔演練，溝通更上手

PART1・知己

認識自己的顏色性格

金人：沒問題
藍人：你好棒
橘人：好開心
綠人：為什麼

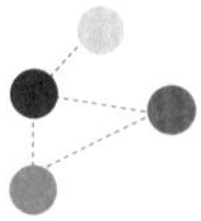

藍色性格

1. 藍色性格的特質

藍天給人感覺是柔和舒服的。第一次與藍色人接觸，你會感受到他待人溫和、真誠，和他相處相當自在。

關於藍色性格的價值觀、與人互動的模式，以及行為展現，在這裡列出十大特質。在解說每一項特質的同時，也會分別舉出藍色人所展現的行為和想法，讓你更清楚這樣的性格如何影響藍色人的行事作風和人際關係。

特質一：重視他人感受

待人溫和有禮，臉上總是帶著笑容，說話相當客氣溫和，期待留給他人良好印象。**在意自己給予對方的情緒感受，即使內心有不舒服的感覺，也不輕易展露**

出不愉快的臉色，依舊笑容滿面。遇到人際衝突時，首先會處理對方的心情，待心情搞定後再處理事情。

舉例來說，無論自己的喜好為何，只要有朋友約看電影，多半會不加考慮的一口答應，事後才不斷的懊悔。偶爾也會選擇以婉轉的方式說自己很忙得加班，或家裡有事等藉口，來掩飾自己對該部電影沒興趣，之所以如此，只因為怕朋友對於自己一口拒絕感到失望。

特質二：注重心靈交流

在面對開心、難過的事情時，喜歡找值得信任的人分享，願意說出自己最真實的感受，同時也希望得到對方的認同、支持、關懷或鼓勵，此外，更期盼身邊的家人、朋友也能向自己抒發內心的想法和感受。

夫妻之間的相處，會希望不單只有親密關係，或僅止於談論柴米油鹽醬醋茶之類的瑣事，而要能相互傾訴目前生活、工作中所面臨的一些狀況，以及內心的恐懼害怕或喜樂感受，甚至是對未來的憧憬，這些對話會讓他有被重視的感覺。

特質三：覺察力高度敏銳

與他人互動時，不單是聽其言，更會細膩的察覺到對方的表情變化、肢體動作、語調高低與心情感受，往往能聽出弦外之音，進而推測對方的想法、意圖或感受。如此高度敏銳的性格，偶爾也容易陷入說者本無意，聽者卻有心，或是想太多自己嚇自己的困擾。

如果吃飯席間廚師端上一道牛肉料理，看到同行友人眉頭深鎖時，立刻會有所察覺的問對方：「你是不是不吃牛？」或者在用餐期間看到朋友不斷抿嘴唇，就會想說是不是菜太鹹，敏銳的觀察周圍所有人的反應和表情。

特質四：積極傾聽

在聆聽他人談話時，會相當專注的注視著對方，即使有任何疑惑，也絕不會打斷對方，同時會做到不帶有預設立場，不對他人所說妄下評斷，更不會在過程中構思、準備自己的回應內容，而是完完全全以對方為主。

聽到孩子回家敘述自己在學校受傷了，不會急著問受傷原因，也不妄下評斷認為是在學校打架了，更不會在過程中提問，而是專注聽著孩子自己娓娓道來，認為這是對孩子的一種尊重。

特質五：具有同理心

展現出善解人意的特質，凡事都會站在對方的立場做考量，感受他人的需求，並能清楚表達出這些感受讓對方明瞭，同時將自己的本位主義縮到最小。

即使面試時，主考官讓自己等了一個小時，等待的過程中不但沒有任何不悅的感受，還會想著主考官可能被什麼事情給耽擱了，自己等會的面試會不會反而造成對方處理要事和時間安排上的困擾。

特質六：善於表達謝意與情感

別人對自己有一丁點的好，都會將其常掛於口、銘記在心，尤其是得到別人的幫助時，更時時想著要泉湧以報，不僅如此，也善於將自己的情感透過一些貼心的舉動表現出來，令人倍感貼心。

如果加班到晚上十點要離開時，看到同事還在座位上加班，會翻找出自己的零食、泡麵，外加寫一張「辛苦了，加油！」的小紙條，為同事加油勉勵。

特質七：重視和諧氛圍

無論是一對一或一對多，都不喜歡紛爭，避免引發人際衝突，愛好和樂的氛圍，因而當意見分歧時，不會過度強調或伸張自己的想法、意見或價值觀。此外，也極少將自己不滿的情緒讓對方知道，而是選擇迴避或隱忍。

假設有兩家廠商接受評選，當其他同事或主管表達出對兩家的個別喜好後，輪到自己表達意見時，即使心有所屬，為了避免同事誤以為自己不支持他，會兩家廠商都表贊同且加以讚賞的說：「兩家廠商都很好，優缺點誠如剛剛大家所述，我認為都可以，沒有特別的想法和意見。」

特質八：待人掏心掏肺

無論和對方認識多久，皆深信人性本善，秉持著待人真誠的原則，用心與人往來，對人完全沒有猜疑和防備之心，毫不隱藏的分享自己的大小事情，甚至把對方的事都當成是自己的事，全力給予協助、關懷和支持。

常常和他人第一次見面，聊了一些事後，只要感覺頻率對了，發現有共同的想法或相似的經驗，當下就會把自己所有大小事，甚至極為隱私的事，像是健康、情感、挫折等全盤和對方分享，甚至會有一見如故、相見恨晚的感受。

特質九：在意他人眼光

心性善良、內心敏感、感情豐富，時時在意他人的感受，常擔憂別人喜不喜歡自己，深怕自己為人處世不周到，對於每一個決定也會考量是否符合他人的期待，更害怕與眾不同，引來異樣眼光。

和大家一起去餐廳用餐，會刻意留意其他人點什麼餐，如果大家都選擇單點，就算自己已經看好了套餐的每一樣選擇，但為了跟大家一樣，當下會立刻改為單點，不想在餐桌上與眾不同而成為討論焦點。

特質十：思維感性

事務上的評斷大多以過往的經驗為參考，在做判斷決定時更少以理論或道理為依據，而是憑藉當下的直覺，說不上為什麼，但就是很堅定依自己的感覺行事。

假使看了三間房子之後要做決定，選購時卻單純只依據自己走進屋裡當下的整體感覺，若要細究原因，卻無法說出哪裡好、好在哪兒，一切只要感覺對了就什麼都對，坪數比、方位、空間規劃、屋齡等雖然重要，但都比不上感覺。

若以一句話來描述藍色人，那就是——**凡事都以對方為主，極力留給別人「好人」的刻板印象。**

2. 與藍色人的溝通模式

藍色人在乎人際關係以及他人感受，因而說話多採用溫和婉轉的方式，大多時候都深受他人喜愛。

不過，也因此常常將自己的想法、意見或觀點，甚至是真實感受隱藏起來，容易導致別人誤以為藍色人完全沒有主見、想法，也常常給人優柔寡斷、拿不定主意的印象。

藍色人是大家公認的「好好先生、好好小姐」類型，因此若是能夠引導他們說出想法和意見，表達真實感受，甚至協助他們果斷做出決定，藍色人會非常喜歡與你交流溝通。

以下三個溝通技巧，是和藍色人溝通時可以加強留意和用心之處。

①表情是他判讀溝通的強烈訊號，多給微笑回應

藍色人在與人溝通當下，不單是聽對方說話表達的內容，更是花心思觀察其表情、語調和肢體展現，此外也細膩的比較是否和過往的互動有所差異，當他察覺有異樣時，習慣暫停原話題，取而代之的是關切你的感受——

「不知道你覺得怎麼樣，我這樣做可以嗎？」

「我這樣說，你懂我的意思嗎？」

「你是不是不開心？」

在與他溝通互動的當下，請觀察自己是否確實展現出下述行為，這些都是影響藍色人是否繼續表述的關鍵指標。

・專注傾聽

眼神注視著他，不低頭做任何事情，可以的話也別做筆記，這會讓他誤以為你對他正在述說的話有意見，而讓他將更多心思放在觀察你何時做筆記。

・微笑示意

聽他說話時將嘴角微微上揚，三不五時點點頭示意，微笑的表情會讓他對這樣溝通氛圍感到自在且舒適。千萬別皺著眉頭還搖頭，他會以為你極度不認同，而令他感到不安或慌張。

當專注傾聽和微笑示意這兩種行為出現，將使藍色人放下過度的觀察，因為他們會將這兩種行為詮釋成你在某種程度上認同他所說的話。

若你真的忘了展現這兩種行為，而他提出問題時，無論你是否有任何意見，都請先忍住別說，簡單的回應：「我覺得你說得很好，請繼續說下去。」這句話對藍色人的幫助很大，記得要搭配微笑唷！

②讓他取得優先順位，說出自己完整的想法

藍色人非常在意他人對自己的看法，在群體中更是害怕表述自己的意見，這並不是擔心得罪他人，而是怕人誤以為自己不喜歡他人的想法，因此才提出不同的意見，所以多數時候他們常常會表示——

「隨便，都好，都可以。」

「我覺得……很棒……也很好，我沒有任何想法或建議。」

他們雖然這樣說，但並非代表真的沒有想法，而是為了氣氛和諧或是在意他人感受，因此選擇不說出來罷了。有些藍色人嘴巴上說沒有意見，但在其他場合或與其他人互動時，卻會說出自己不認同的觀點，以及內心真實的想法。

這樣的結果，只是取得表面和諧的假象，因此**在未來互動中，讓藍色人先發表意見和想法，就不會被其他人的言論受限。**

而由於藍色人的思維較為細膩，屬於慢工出細活，而非極速反應型，建議可以先將問題丟給他，讓他有時間思考，如此讓他所提出的意見、想法會更加完整。

此外，藍色人反對或拒絕的聲音常常被忽略，有時只是因為說不出口，這問題常讓他感到苦惱，而他往往會用這些方式來表達——

「嗯……應該是可以。」

「我不是很確定那段時間有沒有安排其他事情。」

「可是……我可能得問一下……」

他們在回應時常顯得支支吾吾，表情更是不自然，其實他內心是反對或想拒絕的，卻礙於在意他人可能會不舒服或有失望的感受，因此用一些不明確的話語來表達。

如果可以的話，**當你觀察到藍色人有這些反應時，請幫他直接拒絕你自己吧！**他會很感激你的同理心，以及懂得他內心的感受。

③隨時心存感激，別將他對你的好視為理所當然

藍色人善於傾聽，更因為敏感的性格而常能聽出話中話，有時一個不經意的話語，他也都謹記在心，進而默默的付出，做到你所期待的樣子，或是竭盡所能的幫忙你。

他們對你的任何幫忙和付出，你不需要給予實質的回饋，不過一句真心誠意的話語卻是他們所殷殷期盼的，你可以這樣說——

「非常感謝你的幫忙。」

「有你真好，謝謝你。」

有時你會聽到藍色人開玩笑說自己的玻璃心碎了，那是因為他覺得他的付出沒有被你看見，甚至被你視為理所當然，甚至還誤解了他的用心良苦，嫌他雞婆、多管閒事。

藍色人要的不多，不需要你歌功頌德，更不需要物質的回報，只需真誠的一個表示即可。若是你不善於用言語表達感謝，只要一張紙條、一則簡訊、一封郵件，簡單真誠而溫暖的用字遣詞，都會讓他感動不已。

一分鐘掌握藍色性格

藍色人是大家公認的「好好先生、好好小姐」，他們十分在乎他人的感受，因而說話多半很婉轉，也常隱藏自己的真實感受，給人一種優柔寡斷、拿不定主意的印象。如果能夠引導他們說出內心的想法和意見，甚至協助他們果斷做出決定，藍色人會非常樂意與你交流。

綠色性格

1. 綠色性格的特質

綠樹象徵著成長和願景，在與綠色人互動後，你會深感綠色人善於分析與擬訂願景策略。

綠色性格常見的十個行為、思維模式、價值觀與處事態度，如下說明，在說明每一項特質之後，會列舉一個綠色人的相關生活案例，讓你更清楚該性格如何影響其行為。

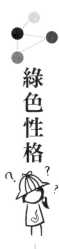

特質一：系統化的邏輯思考力

綠色人會將自我內在的思維和想法，條理分明而有架構的透過精簡俐落之方式做陳述。他們喜愛對重視的事件論述自我觀點，所言皆有所根據，因而對己、對人都相當在意表達上是否言之有理。此外也善於解析複雜的問題，以邏輯組織力逐一推論出解決的方法。

在會議中，綠色人往往不會第一個表達意見，在大家發表想法時，他會一邊傾聽，一邊同時分析判斷他人所言的合理性與終極效益，進而整合自己原有之想法，綜合歸納出更完善的觀點後才做表示。

特質二：計畫深具遠見

對事情喜歡從長計議，絕不魯莽行事，也不短視近利，凡事三思而後行。在做決策的過程中，除了評估自我優劣和現有情勢等要素之外，同時會將目標和對未來的影響作為決策依據的重點。

為孩子選擇就讀的幼兒園時，綠色人考量的點會從孩子、學校以及社會現象等完整的加以評估，包括孩子的性格、興趣，還有幼兒園的特色、教學理念、師資，以及對孩子未來的期待，和後續銜接的教育都會全盤納入考量。

特質三：表達精準具體

與人溝通互動要求以精準字句做陳述，尤其在專有名詞和數據上更是如此，無法接受錯誤或約略的字眼，且凡事不依賴自身感覺，而是以事情真實呈現出的狀態或現象作為依據。

你聽綠色人彈的曲子節奏不對，跟他說：「你的節奏聽起來怪怪的。」綠色人會直接問你：「怪怪的是什麼意思？我的節奏在哪一節太快還是過慢嗎？」

特質四：喜歡問為什麼

思考上邏輯組織能力強，對於想深入了解的事情，以及他人的想法或回應，都會想清楚知道原因為何，有著追根究柢的精神。不過在說「為什麼」三個字時，因為表情淡定且口氣急促，容易讓人誤會他對該事情有所質疑、批判或不贊同。

當另一半要學西班牙語，在兩家語文補習班中最後選擇A補習班，綠色人會問：「為什麼你選A，而沒有選B？你有清楚想過自己要什麼？有列表比較過這兩家補習班的差異有哪些嗎？」這番話就是綠色人表達關心、在意另一半的方式。

特質五：不斷追求卓越和效率

工作上會主動思考如何以更低的成本、時間和人力，讓績效、效率再向上提升。生活上對於重視在乎的事情，也是竭盡所能追求完美，尤其喜愛用數字、獎項名次來作為衡量的標準。深信事情永遠都沒有最好，只有更好的境界。

參加公司內部創新大賽，即使已得到冠軍，仍會反思參與比賽的專案還有哪些地方可以做調整，進而創造更多產值。此外也期待下次大賽時，自己能繼續蟬聯冠軍寶座，並且拉開和第二名之間的差距。

特質六：極具嘗試精神

遇到新的事物或現象，習慣抱持著懷疑的精神，直到自己實驗求證後才會認同，或是提出異於他人的做事方式和原則，不過在提出前，他已經嘗試實驗過數次，確認自己所言之可行性與正確性，而非憑感覺隨口說說，相當具有實驗家特質。

當食譜上建議使用低溫烹調機器以五十八度的水溫靜置四十分鐘後，再下鍋稍加煎烤的牛排最美味，綠色人第一次會嚴格遵循，第二次他就會試著在溫度或時間上做些微調和改變，看看肉質的差異為何，直到找到一個他認為超完美的水準為止。

特質七：持續累積知識

對於自我專業上的知識和技能，會透過深入研究，不斷學習和事務經驗的累積，時刻追求新知。加上對於自己感興趣的議題，願意花大量時間閱讀、學習與思考，從基礎理論到應用層次做一番深入的了解，因而往往留給人專業、知識淵博的印象。

假使一個綠色人平時只擅長游泳和騎單車，為了參加三鐵競賽，他會向專業教練請益，還會透過大量的網路資訊和書籍，認識正確的跑步姿勢、心率掌控和配速方式等等，除了想知道如何跑步才會又快又好之外，還會深入了解這些方法所依據的原理為何。

特質八：態度沉著冷靜

常給人的第一印象是不苟言笑，表情凝重，不習慣將情緒展現於臉上，即使遇事也表現出臨危不亂的淡定模樣。通常會與他人保持一定的距離，但並非冷血無情，內心其實是關心著他人，只是善於控制自己，喜怒不形於色。

同事們在綠色人生日當天精心策劃了驚喜慶生，下午開會時準備了蛋糕、禮物和卡片，綠色人會露出淡淡的微笑，簡單說聲謝謝，心裡其實非常開心甚至激動，只是這樣的場景會讓綠色人不知道該怎麼辦，因此可能會催促大家進行下一個議題討論來掩飾他的緊張。

特質九：強化效率

無論在工作或生活上都討厭浪費任何一秒鐘，因此寧願花時間找到最好或最有效率的方式，也不耗損沒必要的時間和精力。此外會將事情安排好以便順利進行，總之不喜歡等待，更討厭做白工，所以隨時會視現況做修正和調整。

有人說寫作就從關掉網路開始，綠色人則是直接將手機調整成飛航模式，不受任何電話、郵件、訊息打擾，只開啟單一視窗作業，專注聚焦，務求有效率的完成。不過，在過程中會觀察記錄自己花費的時間和產值之間的關係。

特質十：重視隱私

工作上鮮少提及私人的事情或狀態，更不喜歡被追問或成為八卦對象，被要求提供個人資訊時，一定會問及用途與必要性。同樣的也很重視私人空間，暫時離開座位時，一定會將電腦螢幕鎖屏或蓋上筆記型電腦。

電梯裡遇到鄰居好心關切個人或家庭的問話，綠色人心裡想著「關你什麼事」，嘴上則是冷冷回應，不會和對方有太多的資訊交流，甚至未來還會刻意在電梯裡裝忙，避開和這類人的互動。

若以一句話來描述綠色人，那就是——喜歡理性的思維和互動，奉行簡化而有效率的原則。

2.與綠色人的溝通模式

綠色人往往讓人敬畏三分，他總是展現出聰明睿智的樣貌，尤其談及他感興趣或有研究的議題時，更是猶如活字典般侃侃而談、精闢論述。

然而，也因為他沉著冷靜的性格，表情常呈現冷酷淡定的模樣，不了解的人很容易誤以為他愛擺臭臉、難相處，進而對他心生畏怯而無法自在的溝通。

很多人常覺得綠色人難搞，說話很機車，其實不然，當你知道和他說話如何直切重點，以及談及專業領域時的準備方式，綠色人就會對你另眼相看，接著只要再掌握以下三個溝通技巧，要說服綠色人將是輕而易舉。

①別做無謂的解釋，把握關聯性和重要性直切重點

綠色人是省話一哥一姊，說話直接清楚的表達出目的性。他們認定每次的討論交流都是為了解決問題，無須拐彎抹角繞圈子，尤其討厭正在談論的事情被岔開，或扯入完全不相干的事情，一旦發生這些狀況，他們會沒有耐心繼續傾聽。

因此，當他認為你所言與談論之事毫不相干時，他會直接告訴你——

「現在說的有什麼意義嗎？意義是什麼？」

「你不要扯一些有的沒的，重點到底是什麼？」

「結論到底是什麼？我很忙，別浪費大家時間。」

此外，你千萬別試圖探及他的隱私，他會不留情面的說——

「這關你什麼事（或更直接的說「干你屁事」）？」

綠色人不單是不喜歡人家說話兜圈子，更討厭別人探問自己的隱私，但這不代表他不喜歡聽八卦，而是談正事時就別扯入其他事，如果要說八卦、要分享自己的心情感受，另約一個專屬時間更為合適。

在你對綠色人發表論述、意見或是回應前，應該先自我檢視其中的關聯性和重要性。

關聯性和重要性這兩個指標就好比是在幫你的思緒做雜枝修剪，你可以對自己提問：「這件事不說會讓人聽不懂你的意思嗎？」「會影響任何決策嗎？」如果答案都是不會，那就請別做過度無謂的解釋，將其捨棄刪去吧！

當你開始以精簡的方式做表述時，綠色人不會再露出不耐煩的表情，也不再一直要你講重點，反倒在一次又一次的互動下，會將你歸類成與他同類的夥伴。

②展現專業度，才能讓他對你的話深信不疑

綠色人的邏輯組織能力強，因而會嚴加判別每一段話的合理性，尤其當涉及他的專業範疇或研究領域時，無論是正式或聊天場合，他對於用字的精準會更加嚴謹。

倘若在你開口後用錯專有名詞，或是數字、年代、名字錯誤，甚至說話顛三倒四，那麼他不會等你說完，而是直接打斷並質問你——

「你確定是這樣嗎？我知道的不是這樣。」

「你講的完全不合理，這些有依據嗎？」

「前面說A，現在又說是B，你要不要查清楚再說？」

別因為這類的疏失讓綠色人對你留下不專業的印象，導致信任度大打折扣，這會大大降低他與你溝通甚至是合作的意願。如果是聊天場合，他會找個藉口轉

身就走，而正式場合則會在心裡看輕你，並透過話語表現出「你連這也不懂」的態度。

對綠色人論及專業時，請務必搞懂原理，熟記專業用詞和數據、名字，尤其在一開始，話語間請避免以下這些用字遣詞——

「我覺得好像是……」

「我記得應該是這樣……」

「這是……啊，不對，我剛剛說錯了，應該是……才對。」

不過，當你出現上述被綠色人質疑的狀況時，還是有化解的方式，這時請你千萬別和他爭辯，或是為自己的疏失做任何無謂的解釋，**你可以選擇安靜聽他指責你的錯誤，虛心謝謝他給你的回饋，若是你能在他回饋後，以像對老師般的口氣向他請益更多專業深入的問題，他會非常樂意回應**，在聽的同時得一邊詳記他所說的話，並在最後簡要的綜整內容，請教其專業上的正確性。

此時綠色人會暫時忘掉你剛剛一連串的錯誤，但請切記，下次在他面前千萬不能再發生同樣的狀況，不然神仙也救不了你，因為這會讓他覺得自己根本是在對牛彈琴，浪費他的時間。

③先取得綠色人的認同，強化他的參與感

綠色人在自己所屬的專業領域不單是深入了解而已，更是隨時追求新知，因此要說服他是相當高的挑戰，若是你的專業外加經驗強過於他，相對的在說服上也就比較不費力。

當你在說服他時，他為了理解你的思維，會時不時地打斷你的話提問——

「為什麼？」

「這樣做的意義在哪兒？」

「我不覺得這樣是好的。」

想一次就成功說服綠色人，你得做好萬全的準備，在向他開口前問自己幾個問題——

1. 這樣做的依據為何？有無任何不合理之處？

2.這麼做的意義是？好處是？

合理而有意義，是綠色人能否被你說服的關鍵要素。

在向他說明時，藉由溫和卻堅定的口吻和態度，讓他對你產生專業信任度，再於語末虛心補上一句請教的話語：「不知你覺得這樣如何？能否請你給我細節上專業的指教？」這會讓他覺得在專業上被尊重，而為了展現他的專業，綠色人會給你一些建議指點，當對話不再是他提出一堆問題，而是基於你的觀點給予建議，表示綠色人相當認同你的觀點或理念。

假使要在會議桌上或眾人面前說服綠色人，不妨先私下向他表明你的想法，取得他對該事件的認同，屆時綠色人會好似擁有該事件成敗與否的掌控權，不單是全力支持你，還會挺身而出說服大家。

無論公開或私下，請讓綠色人有給予意見的時間，習慣性地問他覺得如何，另一層面亦可褪去你以為他在批判你的「你以為」，因為和綠色人溝通互動，最怕的就是給自己加上許多根本不存在的感受。

和綠色人溝通，只要別在談正事時東聊西扯，說話表達時抓穩事件的關聯性和重要性，並能精準正確用字，讓自己說出的話既合理又有意義，綠色人是很願意傾聽你所言的。不過千萬要記住，一定得先做好準備再去溝通。

一分鐘掌握綠色性格

綠色人凡事三思而後行，從不魯莽行事，但也因為性格沉著冷靜，所以看起來總是一副淡定冷漠的模樣，常讓人誤以為他愛擺臭臉、難相處。不過，只要你展現出專業的一面，把握直切重點的溝通方式，就能讓綠色人對你另眼相看。

金色性格

1. 金色性格的特質

黃金給人的印象是財富、堅固。就如同金色人第一眼給人的印象——中規中矩，相當實在、可信任的感覺。

金色性格的處事風格、價值觀與行為展現的十個特質如下說明，在描述每一項特質之後，會接著舉出一個金色人的相關生活案例，讓你更清楚該性格如何影響其行為。

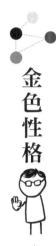

特質一：善於理財

每一分錢的來去都一清二楚，精準掌控預算和開支，理財模式偏向賺進的錢先決定存多少，剩下的才是可以花的錢，而非有多的錢才存起來。除了存款之外也會做投資，但不投機，大多以買房、買車、土地、黃金等固定資產為主。若有買股票，在選擇上也是以可年年固定領股息的低風險投資為主。

金色人出遊時會設定總共可以花多少錢，並且會先將必要的開銷列出，算出平均每日可花的錢，旅程中也會記錄下所花的每筆費用，或是將發票、票根收納好，晚上再一一整理列帳，隨時都清楚知道自己花了多少，掌握不同項目的開支。

特質二：審慎評估後才行動

不貿然行事，對於初接觸的事情會完整評估風險與可行性，尤其是過程中可能遇到的困境、阻力、隱患等，也會一一確認資源和自身能力，經過審慎評估有九〇%的把握，才會決定行動，但也會因為過於重視新事物或挑戰高難度任務所帶來的風險，而忽略了新機會可能帶來的利益。

當公司內部釋出輪調機會，金色人即使很嚮往其他部門的工作內容和職位，但多半會因為擔憂對該業務的不熟悉，或是自己在知識技能上的不足，害怕導致未來績效的表現不如現在，最後只有空想而已，依舊待在原位，放棄申請調單位的機會。

特質三：做事參照標準流程

做事前會先想清楚地知道SOP（標準作業流程），明確了解步驟流程，包括每一流程中需注意的細節，以及如何避免錯誤，後續也會嚴謹的要求照規範行事，因而對於模稜兩可、無法按部就班進行的說明，容易感到無所適從。不單是對自己如此，對他人也會有相同的期待。

若是拿到一台未曾使用過的電子產品，金色人會先拿起操作說明書熟讀，深入了解產品的每一項功能，包括如何組裝和操作流程，以及該注意的事項，大致了解七八成後才會開始動手組裝操作。

特質四：守規範、重紀律

深入了解事情的規則或制度，並且嚴格遵守，不僅嚴以律己，對他人的要求亦是如此，不容許任何人破例，避免失去原則依據。尤其是公司制定的規則，或是大家一起說好的規範，卻有人可以不遵守，享有「特權」，這是金色人完全無法苟同的事。

當金色人訂下每天需完成五公里慢跑的運動健身計畫，他會用紀律讓這件事每天如實做到，哪怕是颳大風、下大雨都會找健身房完成。其實金色人也會有累到不想繼續的時候，但更怕一變更就會因循怠惰，導致整個計畫失敗。

特質五：謹慎行事

做事瞻前顧後，言行舉止更是小心翼翼，所有可能導致失敗的要素在事前就已一一列出，並嚴加防範避免發生，做事就像走在鋼索上步步為營，深怕自己一個不注意就掉下去。思維上較偏向未雨綢繆且重視細節，希望能防範於未然。

金色人在規劃家庭日活動時，往往會有兩個以上的提案，並一定附上雨天備案，同時列出活動過程中「可能的突發事件」，「在發生時又該如何因應」。目的是即使意外發生也能在掌控中，不至於慌亂行事。

特質六：重視時間觀念

在面對事情時，除了重視標準流程準則外，明確的時間約定也是金色人在乎的重點，一旦約定必準時出席或遵照時限如期完成任務，多數還會要求自己按約定提早抵達或完成。也因為對自我在時間上的嚴格要求，若是對方遲到或延遲，容易認定對方不加以重視或不認真看待該約會或任務。

金色人如果跟朋友相約三點，通常會在前一天估算交通、塞車、意外等所需時間，讓自己能從容的在兩點五十前赴約。他認為沒有提早就是不準時，因此他提前抵達後，若對方還沒到，就會忍不住打給對方問：「你在哪裡了？」

特質七：事前排程規劃

一整天要做哪些事，在前一晚或一早就規劃好並逐一列出，在安排事情上總是一件接一件，往往讓自己沒有喘息的空間，而且會以檢核表的形式做追蹤確認，一旦未能照計畫執行便容易慌亂，導致遇到他人進度延遲或突發事件，便難以彈性應對。

初學烹飪的金色人若要煮一頓晚餐，前一天會先將菜色列出，一邊開始擬採購清單，一邊規劃著隔日一整天的行程，包括幾點買菜、洗菜和煮飯，就連菜色烹調的順序也是重要的環節，所有大小細節都會先在腦中或紙上沙盤推演一次。

特質八：做事認真盡責

凡事親力親為不假他人之手，責任感強烈，對於工作、生活中的任何角色都會自我要求做到好，並加以檢視是否確實達成該角色應盡的職責，以及該有的標準，不需他人督促就會把事情做好，常讓人留下可靠、可依賴的極佳印象。

在職場上，金色人不輕易開口請他人幫忙，他們認為所有被交付的工作都是自己分內的事，請人幫忙可能會讓他人留下不負責任的感受或印象。即使是面臨非得請人協助不可的狀況，在開口前也是再三猶豫，甚至到對方面前都還支支吾吾說不太出口。

特質九：秉公處事

不管面對任何人事物都是以規範做依據，該如何應對就怎麼做，重視公平且一視同仁，絲毫不容許差異。就算心裡有特別偏愛或屬意，還是會依循規則，不讓他人有質疑的機會。同時心裡也期待能有公平的競爭和對待，認為付出就應該得到對等的回應和合理的報酬。

在學校的分組報告中，老師給予小組成員的分數是一樣時，無論小組取得高分或低分，只要在討論報告和完成個人分配報告中，有某位同學沒有全心投入或是故意擺爛，金色人一定會去向老師說明該同學的行徑，提出該位同學不應得到一樣的成績，若是老師未加以處理，他會向該同學表達不滿之處，並要求其接下來應有的投入與付出。

特質十：遵守傳統美德

遵循舊有的制度規範和習俗，不輕易質疑過去傳統的做法。在職場中重視倫理與上下關係，即使不認同的觀點也不輕易反駁，展現畢恭畢敬的態度。以家庭為重心，願意為家人奉獻犧牲，家人開心自己就會開心，再辛苦都值得。

看見新聞正播出某宮廟倡導「無煙廟宇」，金色人內心會有所掙扎，一方面認為這是中國人的傳統，另一方面卻也認為這是對環保有益的方案，這時一旁若有長輩出聲表示此舉根本就是在消滅傳統文化，無論金色人最後抱持的觀點為何，都會因為對方是長輩而不做任何表示。

若以一句話來描述金色人，那就是——**有計畫、有架構、重細節的做準備，行動上嚴格遵守一切規範。**

2. 與金色人的溝通模式

金色人做事讓人很放心，對於他們所負責的工作必定會在時間內完成，用心處理每一個環節與細節，而且遵循規則行事。

正因為這樣，不受拘束、我行我素者會認為金色人很「龜毛」，有太多要遵循的規則，以及不可打破的原則，還得一一回應無數細節上的問題，溝通上耗費很多時間。

既然金色人循規蹈矩，溝通上就要從他們習慣的方法、制度和流程著手。**他們喜歡凡事都能在自己的掌控內，我們就別給金色人意外；他們不喜歡改變，那就先評估出風險和降低失誤的方式。**

想要和金色人溝通無阻，只要運用以下三個溝通技巧，事情談完後就離成功不遠了。

①有備而來，人事時地物一樣也別漏

金色人從不魯莽行事，做事前一定要搞清楚所有的規則、流程和細節，以及完成時間點為何。他們會竭盡所能的提出心中任何的疑惑，直到在腦中建構出一座運作工廠後，才會開始行動。

他們常用以下這些方式來提出疑惑，請你做解答——

「所以接下來要我做什麼，然後應該要怎麼做？」

「標準的規範或準則是什麼？」

「這樣我沒辦法做，你可以再說詳細一點嗎？」

金色人期待你清楚回應每一個問題，甚至主動補充說明細節，而不是用模糊大概的方式，那會讓他們不知所措。

以下這些話將令他們產生反感——

「你就先做，等到時候再跟你說，現在說你也聽不懂。」

「不要問我這些細節，我也不清楚。」

其實只要把金色人想像成是程式系統，你必須輸入正確詳盡的指令，就能夠讓他一一去執行。倘若指令不符合格式，或是資訊錯誤，那就不能怪他不運作，而是你的問題了。

②說好的盡可能別再改，要改一定得先說

做事情依照規劃一步一步來，這是金色人認為最好的作業模式，無論做任何事，他們都會排定好先後順序，並且依照標準流程或協商好的方式著手進行。

在過程中，他們善於精準掌控每件事、每個時間點的進度，若有任何事情致使他感受到進度壓力，或是綜觀過去對方有不理想的表現，金色人便時不時會緊張的追蹤進度問——

「我們現在進行到哪裡？都在時間點上嗎？」

「你負責的部分什麼時候可以完成？」

關於追蹤進度一事，金色人從不怕麻煩，因為這樣做反而可以讓他們放心。

不過，當金色人說出以下這些話時，表示他心裡不是很舒服或不太認同現在的狀態——

「我怎麼都不知道改成這樣，這跟當初說的完全不同。」

「這不是我權責範圍內的事情，我無法決定。」

「這樣不符合規定，不好吧！」

金色人並非無法彈性調整，而是在意調整前是否找過他商量。當然，他不喜歡變來變去，但你若言之有理，他並不會堅決照舊，最怕的是他認為不被尊重，進而採取一切照規矩來、硬碰硬的方式。

其實必須有所改變調整時，只要跟金色人這樣說——

「我認為有件事需要先跟你說一聲，我們當初談的事情得做些改變……」

「我們當初說好這樣做，不過迫於××因素，現在恐怕無法照舊了，你幫我想想還可以怎麼辦？」

千萬別以為突如其來的改變就是驚喜，這驚喜會使得金色人渾身不自在，打亂他原本計畫的節奏，造成他做事的慌亂。因此可以的話就別給他驚喜，真的逼不得已就請循序漸進，好好的跟他溝通。

③在說服金色人接受新嘗試之前，先找出他擔憂的風險

金色人不愛嘗試新事物、新方法，主因是過去的做法所帶來的成功經驗讓他很自在，而改變的過程和成果卻有太多的未知數和不確定性，這讓不習慣面對變數的他們感到不安，導致他們多半不願意做改變。

這也是為什麼他們在聽到或看到不同於過去的方式時，常常會立刻反應——

「以前這樣很好，為什麼要變？」

「東西用完就應該要物歸原位，這樣就不會找不到了。」

在說服他們接受改變前，你得先具體回應下面幾個問題，並帶著這些問題的答案一一向他們說明，才有機會說服金色人做改變。

1. 改變會帶來的風險是什麼？
2. 不同於過往的點有哪些？若會影響現狀，時間會是多久？

3. 哪些方式或技巧有助於適應改變？

跟金色人說明這些時，你聽到害怕改變的聲音會比點頭認同來得多，這時千萬要提醒自己別顯露出「你可以不要這麼保守嗎」、「你就是都不願意改變才會一直這樣」的態度、神情或話語，這些話於事無補，對他們多點耐心的詳盡解說才是最佳解決之道。如果改變可以帶來更好的結果，金色人不會反對。不過，在強調改變的好處前，先協助克服他們「擔憂過程中能否做得好」的心魔，會更有說服力。

一分鐘掌握金色性格

金色人做事有計畫、有架構，喜歡遵循規則行事，並用心處理每一個細節，正因為如此，容易讓人覺得很「龜毛」。他不愛嘗試新事物、新方法，更不喜歡改變，但如果你願意多點耐心和他溝通，幫他先評估風險和降低失誤的方式，你會發現金色人也是可以被說服的。

橘色性格

1. 橘色性格的特質

橘色小丑魚讓人有歡樂的感覺，在海中適應生存力強，就如同橘色人給他人的深刻印象——靈機應變，活力無限。

以下列出十一個橘色性格的行為展現，包括價值觀、思維模式和處事態度，在描述每一個特質後，會以生活中的例子補充說明，讓你更清楚該性格如何影響其行為。

特質一：掌握眼前機會

眼前出現自己想要的機會時，橘色人會極力為自己爭取，就算成功機會很小，但只要想要的就會放手一搏去把握，相對的不太在乎或容易忽略風險評估。

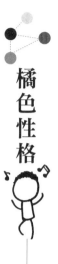

然而，若對眼前出現的機會毫無興趣，即使成功率相當高也不屑一顧。

像是看到求職網站上想應徵的工作職位，該職位列了五項條件，即使僅有一到兩個條件符合，橘色人仍舊會寄出求職信。為了增加錄取機率，還會用各種管道毛遂自薦，爭取被看見的機會，完全不在乎是否符合資格，或是未來能否勝任。

特質二：具冒險精神

工作或生活中突如其來發生不在規劃中的事，或許嘴巴會碎唸，但卻甘之如飴。**因為不喜歡一成不變且得按規矩行事的節奏、過程和結果，所以熱愛新事物所帶來的冒險刺激，反倒是歸於平靜後會提不起勁做事。**相對而言較喜歡嘗試新事物，但也容易對事情只有三分鐘熱度。

橘色人在旅遊上會偏向自助旅行的方式，或許在第一次自助旅行時，會將機票、住宿、交通和景點都規劃得相當仔細，但隨著自助旅行的次數增加，漸漸開始不做過於詳細的規劃，甚至連住宿也都到了再說，將各種可能遇到的驚險變數都當作是旅遊中有趣的一部分。

特質三：展現熱情活力

生活態度積極樂觀，對於熱愛的事物滿懷熱情，幾乎投入所有精力，展現出滿滿的幹勁。**從他的言語互動、行為展現和表情反應，往往讓人感受到活力、熱情十足，雖然有時會透過較誇大的言語和表情等加以渲染，但絕非浮誇。**

公司尾牙的部門表演若是由橘色人主導，即使只是一個簡單的歌唱表演，在服裝上也絕對吸睛，搭配一些誇張動作，每一個環節都有巧思設計，讓觀眾看得目不轉睛，並極力和現場的觀眾熱情互動，而且就算現場不「嗨」，也一定能自「嗨」。

特質四：喜怒形於色

情緒容易因他人而波動，真實的情緒感受和對他人的喜好厭惡，都習慣毫不掩飾的直接展現於外，讓人無須捉摸猜測。心情好時，他人說什麼都爽快答應，而脾氣來時就像風暴一樣，容易波及無辜。不過脾氣來得快也去得快，不太會記住為何而生氣。

在會議中，無論對方的職位高低，只要說出讓自己不舒服的話，馬上就會變臉，即使嘴巴說出的話語都還是保有敬意，但臉部通常已毫無表情，或是擺出不開心的模樣讓對方知道。

特質五：不受約束且崇尚自由

做事不喜歡被約束和規範，自己想做什麼就做什麼，任誰也無法攔阻，尤其面對不合時宜的規定、不必要的形式規則或錯誤的方法，不但不願屈服，還會出於反骨性格而刻意挑戰制度，目的無非是想惹怒制度執行者，或是證明不照規則依舊可行。

橘色性格的學生對於老師在服裝儀容上的規定相當反感，當他覺得管太多、管太細或沒必要時，就會故意唱反調。像是規定不能染髮，就可能故意把頭髮染成滿頭白，再和老師爭辯自己是少年白或一夜變白。

特質六：帶動歡樂氣氛

輕鬆自在的處於任何環境中，走到哪裡，就將歡樂帶到哪裡。待人慷慨大方，在一群人裡話很多，同時也會負責將氣氛搞得很活絡。天性樂觀豁達，保持積極正面思維，即使有著負面悲觀的想法，也鮮少在人前展現消沉模樣。

橘色人往往是辦公室裡揪團和團購的發起人，有時約大家一起訂雞排、珍珠奶茶當下午茶，有時則是在同事或部門間到處串門子，帶給大家很多歡樂和聊天話題。不喜歡安靜的辦公氛圍，因而會扮演炒熱氣氛的角色。

特質七：使命必達

對於自己要做到的事情或目標，會用盡各種方法達成，任何限制都無法阻礙其成功的決心，不達目標絕不罷休。過程中可以低聲下氣，可以不管自己的感受，甚至可能冒著違反規則的風險，總之，為了成功不惜任何必須付出的代價。

五月天演唱會一票難求，橘色人會迫使自己用盡各種方法、動用各種關係，可能買了一堆不喝的啤酒，只為了取得抽門票的機會，或是撥電話詢問演唱會現場搭建舞台的朋友能否拿到公關票，甚至到最後，就算再不甘願卻還是不計代價的買下黃牛票。

特質八：天生具備領袖魅力

在團隊中不喜愛被他人管理或控制，反倒因為本身具有一定的支配影響力，加上豪爽且不拘小節的性格，對於不滿意的現狀會挺身而出，讓人願意追隨其做法或信念，天生就具有領導魅力與特質。

橘色性格的孩子在家中不管排行老幾，總是喜歡帶頭東闖西玩的變出很多把戲來，而其他手足也都願意服從他的領導和指揮分配，並且非常喜愛模仿其言行舉止，將他視為英雄般崇拜。

特質九：溝通上能言善道

擁有演說和推銷的天分，在傳遞訊息和理念時能說會道，有極強的說服力，即使被反駁或質疑，大腦也能快速反應，立即生出另一套說法，加上橘色人所展現出的自信與氣勢，容易讓他人產生信服感。

橘色人不管想買什麼，都能說得讓另一半心服口服，像是想網購掃地機，會說服對方，覺得清掃家裡時的姿勢很容易造成腰痠背痛，還會列出所有掃地機帶來的好處，讓對方點頭同意購買。

特質十：應變能力極佳

思維上善於跳脫框架，不把規則當限制，加上在資源方面的應用和調配相當有自己的一套，因而具備了即使不事先準備，也能臨場機智地予以回擊的能力，總能讓複雜的問題迎刃而解。

橘色人常常擔任救火隊的工作，像是會議上主管臨時沒來，被派上台做工作報告，雖然嘴巴上會說自己不行，但上場後的表現常讓人直稱厲害。越是處於混亂的情況，越能臨危不亂，亮麗的嶄露鋒芒。

特質十一：即知即行的行動力

這一秒才剛說想做的事，下一秒已經開始執行了。寧願投入更多時間去做，而不只是空想，認為做過多計畫只是浪費時間，不如直接採取行動再說。對於想做的事會狂踩油門進行，完全不將風險納入評估考量。

橘色人行動極快速，像是正在開會討論店內週年慶活動可以如何做的方案時，已經同時傳訊息給朋友群組，請他們務必空出時間一起來參與。

若以一句話來描述橘色人，那就是——**不做作，真性情流露，完全做自己。**

2. 與橘色人的溝通模式

橘色為主色的人在人群中相當容易辨認，他們總是展現無比熱情，說話幽默風趣，佐以豐富的表情或肢體語言，加上喜愛嘗試新鮮事物，常讓身邊的人被其熱情和影響力給感染。

橘色人讓人又愛又恨，大家喜愛他帶來的歡樂、創意，對於他的冒險精神和對事物投入的瘋狂程度更是深感佩服。不過，**每當橘色人被問及進度和細節時，就會擺出不耐煩的臉色或態度，甚至表現出不可理喻的言行，讓共事或相關參與者不知該如何與他溝通互動。**

以下就來談談和橘色人的溝通互動上，要如何做才能掌握並確認其進度，怎麼讓他願意在執行前先將細節加以描述說明，以及讓橘色人主動出手給予協助幫忙。

①別逼得太緊，運用技巧讓橘色人如期完成

橘色人的行動執行力雖快，但一些需要產出書面或檔案的東西卻總是拖延，不是他們沒進度或是不願動工，而是需要時間來累積靈感。橘色人會抓出自己非開始動作不可的「deadline」，討厭你一直來關心進度，認為那是對他的不信任，而且會覺得你很煩、很囉唆。

當你追問進度時，他們會直覺的回應你——

「你別一直催，我有自己的節奏，不用擔心。」

「時間又還沒到，幹嘛這麼急。」

和橘色人合作時，千萬別因為這番話而真的相信他會如期完成，你應該抓住他不喜歡落後的感覺，換個方式追蹤進度。

你不妨在進行過程中不顯刻意的假裝巧遇，向他請教合作中你所負責的部分，請他給你一些建議，然後說自己進度為何，預計在何時就可以完成。後續你還能透過 e-mail，將大家的進度做一個簡單的整理，假使他的進度是零，可別直白的寫零或空著，而要將之包裝成「橘色人正努力持續生產中」，以免他故意壓件，或是完成了也不主動給你。

以上兩個做法都能讓橘色人意識到自己進度明顯落後，這會讓他將這項合作專案列為優先處理。

②旁敲側擊，讓他願意先說再做

橘色人行動力很強，但很討厭把時間花在談論細節上，他們喜歡把大方向搞定，確認明確的目標，具體描述出成效。因為他們認為討論細節毫無意義，細節不會影響是否行動，所以可以等開始行動了再來談，或是問題來了再迎刃而解即可。

因此，當你問及細節問題時，橘色人會告訴你——

「這不是重點吧！」

「我現在沒有時間處理這些。」

「大方向抓好就可以了，細節可以先不用談。」

你若真的想先知道或討論細節，可以試著掌握橘色人怕麻煩、更怕做白工的這點來與他互動，先對於他掌握的方向及初步規劃表示認同，私下再分析並建議他，要不要將某些重要的細節先行討論，在行動時會比較順暢，並強調後續才要搞定細節的麻煩程度，而這些麻煩最好是會讓他無法完全掌控時間，或是會令他反感的文件簽核程序。

切記不要在會議進行中，或是公開的LINE、臉書討論群組提出來，他會認為自己被質疑，這時就算你說得再有理，橘色人仍舊會無動於衷，故意選擇堅持己見。

其實，橘色人相當能掌控大局，應變能力也強，正如他所言：「相信我，這真的只是小事，一切都一定有方法可以搞定的。」**選擇相信他，不在初期過問這些細節，等時間到了，橘色人自然會開始重視它**，這不失為一種和橘色人溝通共事的模式。

③多說些好聽話，會讓他更用盡心力幫你

橘色人待人大方，不過這僅適用於他喜歡的人，至於那些他不喜歡、甚至是討厭的對象，他有可能虛應一番，或者視對方不存在，完全置之不理。**在他們的世界裡喜惡分明，你完全無須猜測，從他對你的口氣、表情和態度，就可以知道自己在橘色人心中的位置。**

當你請他幫忙，而他也願意時，他會這樣表示——

「你都開口了，這是小事，包在我身上。」

「你的事就是我的事。」

這時如果你能強化「他很神」，讓他有一種自己能力強、人脈廣，且這件事非他不可的感覺，會讓他更加使盡全力，將此事列為心中首要，並且使命必達。

事成後，他會說這沒什麼，但你可別傻到認為他不在意你的感謝。你不妨透過向他人反覆述說，或是藉由一杯咖啡、出國時帶回只有他有的專屬紀念品，讓

他知道你的感謝就和當初他幫你一樣是用心盡力的。

倘若他沒有幫你的意願，就會找些藉口或理由，但也會清楚的讓你知道——「我能力有限無法幫你，你要不要找那個誰來幫忙。」「我很想幫你，但真的很抱歉，這我不是很熟。」

或許強化「他很神」這個方法可以姑且一試，但成功機率不大，因為在對你沒有好感的前提下，橘色人是不會勉強自己的。倒是你可以試著拜託他身旁的朋友助你一臂之力，讓橘色人看在他朋友的份上進而幫助你，這種方式成功的機率相對會大一些。

一分鐘掌握橘色性格

橘色人個性直率、說話幽默風趣，走到哪裡就將歡樂帶到哪裡，不過，他的情緒很容易因他人而波動，無論喜好或厭惡，都會毫不掩飾的展現出來。他在做事與待人上都很重視自己的感受，不過只要知道他所在意的點，別任意去觸及，橘色人不僅好相處，更會被他的熱情和活力給感染。

PART2．知彼之職場主管篇

與四色主管的溝通應對模式

金主管：計畫是……
藍主管：別担心
橘主管：太棒了！
綠主管：KPI才重要！
WOW

四色主管的領導特質與溝通模式

我從擔任教育訓練工作的執課者，到成為企業講師，無論是溝通、激勵、表達、樂在工作等課程，我觀察到學員總是在課後問卷上寫著這樣的回饋──強烈建議安排主管來上這堂課。

當我在學員面前已建立了專業權威和信任感後，我會很實在的告訴學員，如果在課後問卷寫這樣的建議，只代表一件事──你根本沒有學好課程所傳授的溝通精髓。

就像任職於遊戲產業的 **Jeff** 在課後分享所說的：「原來我根本一直在用主管們最不喜歡的溝通方式，想要把意見硬塞給他們。」

要主管做改變、調整溝通模式，倒不如摸清楚主管習慣的溝通模式為何、哪些方式會令他感到不悅。

工作職務有說明書，四色主管當然也有專屬的職務說明，以下我就四種主色性格的主管，分別從他們在領導上的特質、他們喜歡部屬展現哪些行為，以及他們期待部屬的溝通表達模式，來一一做說明。

讀者不妨將四色主管的描述當成是產品的操作使用手冊，依據本書的描述加以應用。

與藍色主管的溝通使用手冊

【品名】溫和鼓勵型的藍色主管

【領導特質成分】承擔35%＋傾聽關懷28%＋鼓勵讚賞22%＋溫和15%

【主要功能】

1.他是個民主、開放的主管，期待大家可以一起集思廣益解決問題，同時又能保有團隊和諧，但這絕不代表他優柔寡斷或是拖延決策。

2.他期待團隊中的每個人都像家人一樣，營造彼此互動關懷的夥伴氛圍，讓你對團隊有強烈的歸屬感。

3.只要你提出任何需求或想法，他都會專注傾聽，極盡全力為你爭取，不是因為他是好好先生不會拒絕，而是他比你更重視你的聲音。

【適用人群】

1.喜歡團隊合作遠勝於單打獨鬥，重視團隊榮譽的工作者。

2.即使有自己的想法，仍願意傾聽其他人的意見、想法和回饋者。

3.能夠換位思考，從夥伴和主管角度思考事情的工作者。

【與其工作應注意事項】

1.就算你手上真的有很多要事，就算你很不喜歡他老是承攬了非自己部門的工作回來，當該產品提出要求時也別輕易拒絕。否則，該產品會覺得平時很挺你，緊要關頭你卻不願意挺他，這會讓他在鬱鬱寡歡下將事情全往自己身上攬。一旦久了、累了、倦了，該產品將無法再啟動使用。

2. 對於工作品質、效率和績效，請不斷自我要求並往上提升。**若要請教該產品，請別輸入「這樣好嗎」，而要輸入「還可以怎麼做才會更好」。**因為該產品非常在意你的感受，如果問這樣好嗎？他一定說很棒。就算主動給予建議也會因為口氣溫和，詞語過於婉轉，反而讓你有聽卻沒有懂。

3. 該產品偵測到你的喜怒哀樂時，會主動關心你的狀態，當然也包括你的生活、家庭、個人等範圍，請你放心且真誠的與他分享。如此該產品才不會以為你對他有防衛心，或不把他當作是自己人。雖然他不會怎麼樣，但會想太多的以為是自己哪裡得罪你了。

4. **當你遇到問題且帶著強烈不舒服的感受時，別急著去找他，先讓自己情緒緩和之後，再以心平氣和的態度向他陳述。**否則他會急著想先安慰你的情緒，花過多的時間在關懷或開導，而未能掌握第一時間處理事情。

5. 任何團購都記得算他一份，無論他是否在座位上；會議或聚餐時，別讓他隔壁的座位最後才補滿；在茶水間閒聊時，千萬別看他走進來就立刻散會。這些行為都會讓該產品有不被認同為團隊一分子的感受，或是覺得被排擠，如此一來，他可能會透過公開或私下場合不斷旁敲側擊，確認你是不是不喜歡他。

【使用經驗分享】

春假期間和幾位朋友喝著下午茶，聊著各自的上級主管。大家描述起主管的行為、事件和樣貌，都猶如被後母苦虐般，令人啼笑皆非。

唯獨阿智的描述讓大家羨慕聲不斷，直說他燒了三輩子好香。

阿智一年前轉調至公關部門，工作內容和過去在人資部門迴異。阿智說面對新業務，他常常犯些小錯，主管不曾指責就算了，取而代之的是同理、鼓勵和認同，而且看到內、外部進修學習的機會，也都會詢問阿智的意願，替他做申請、安排。每當他提出任何想法，甚至是長假的需求，主管也都二話不說就答應。

這類主管一聽就是藍色主管，應該沒人會不愛吧！

但就在大夥的羨慕聲中，阿智卻說：「雖然這樣的主管對部屬很好，可是我覺得這一年下來，有點不知道自己在幹嘛，甚至懷疑自己的能力和表現。其實我們部門常常被總經理檢討，可是主管卻都說我們表現很棒。老實說，主管待人很好，但待人過好就表示績效……嘿嘿，你們應該知道的。」

看得出來阿智很在意自己接下來的績效表現與專業成長，我只和他分享了兩個方法——**「幫主管抓重點」、「從溫柔中找到嚴厲的一面」**。

我建議阿智未來在與主管溝通後，可以試著以5W1H，或是提問技巧的Why、What、How，綜整其表達內容並抓出重點，若有含糊不清之處，務必透過溫和的言詞和表情再次提問確認。

當主管是藍色領導風格時，在溝通互動上需格外注意自己的表情與語氣，要和悅且溫和，因為這些是藍色主管最在意的溝通致命點。

另外，我也請他試著從溫柔中找到嚴厲的一面。藍色主管說話婉轉，常常將想表達的意思或指責包裝了好多層糖衣，像是「最近公司有開一門『出色溝通力』的課，如果你有時間可以去上一下」，其實他在暗指你溝通技巧有待加強。

後來的幾次聚會，我沒有聽阿智再提起這位藍色主管，反倒是兩年後，阿智傳了訊息說：「我最近被升為經理囉！」

我好奇的問他：「該不會是你頂替了那位藍色主管的位置吧。」

阿智貼了張吐舌頭的表情說：「應該是我向上管理能力不錯，我的主管高升為副處長啦！」

人見人愛的藍色主管可遇不可求，但也常常因為優先重視人勝於績效目標，而深受上層主管的注意與嚴厲的「關切」，身為藍色主管的部屬，若能主動多幫助你的藍色主管，將會是魚幫水、水幫魚的共好局面。

一分鐘掌握藍色主管

藍色主管很在意部屬的感受，只要部屬提出任何需求或想法，都會專注傾聽，極盡全力幫忙爭取。同時他也非常重視團隊和諧，致力於營造一種互動關懷的夥伴氛圍。但也因為重視人勝於績效目標，而深受上層「關切」，如果能主動多幫助你的藍色主管，將會是魚幫水、水幫魚的共好局面。

與綠色主管的溝通使用手冊

【品名】追求完美型的綠色主管

【領導特質組成】策略28%＋遠見25%＋決策力34%＋好學好問13%

【主要功能】

1.他是個有遠見的主管，放眼未來多於眼前的利益好處，往往有著精準的洞察力，但絕對不是淡泊名利或喜愛畫大餅。

2.他會利用問題來幫助部屬釐清事情本質，不是他愛問，而是怕你做白工。

3.他在拿主意、做決斷、定方向上的決策能力展現了快、狠、準的作風。

【適用人群】

1.喜愛深入磨練工作專業領域，有著絕佳應用力的專業人才。

2.文字和口語表達上用字精準且邏輯組織力佳者。

3.喜歡追求卓越，精益求精，不斷自我突破的工作者。

【與其工作應注意事項】

1. **在與本產品溝通時務必遵守精簡、長話短說講重點的原則，**建議以條列的方式來展現出自己的條理分明。以免該產品打斷你的說明，以急切的口氣回應：「然後呢？」「重點是？」「我聽不懂你在說什麼。」

2. 輸入資訊給該產品時，請提供全方位、多面向的說明，並以數據、事實、專業作為佐證，還有你自己的想法、論點是什麼？為什麼這麼認為？上述資訊最好主動輸入，等他要求才輸入就已經慢了一步。**該產品只管有無意義、成效為何，因此在傾聽時會不斷搜尋你話語中的關鍵字。**若是你用「感覺」來論述，將會被他所提出的一連串「為什麼」給淹沒。

3. 使用該產品的過程中，建議盡可能不要過度分析與在意他的表情，以免判斷錯誤，誤以為他不認同，導致自己當機，變得語無論次、緊張兮兮。思考分析是該產品無敵且強大的功能，因而連帶會展現出深思皺眉的表情，絕無質疑或反對的意味，有時是你想太多了。

4. **遇到問題要請教時，請別只帶著問題，而要同時準備兩、三個解決方案，**

並遵循上述1到3的原則來表述。在說完你的方案後，試著提問：「不知道老闆您覺得這樣如何？」讓該產品倍感自己的睿智與價值。該產品只要偵測到你是直接來要答案或做法，就會立刻脫口而出：「找你來不就是要你解決問題的嗎？怎麼連這個你都不會？」

5.本產品提供單一專案報告、無限次數回饋指導，因此千萬別埋頭苦幹，最好三不五時就和他巧遇，把自己當成在寫論文，將該產品視為教授請教就對了。完美無瑕是該產品的終極目標，一次被大修，不如分很多次微調。當他說出行距、字型、標題大小這些該修改時，依他不留一手的習性，表示你離成功不遠了。

【使用經驗分享】

年後和朋友David吃飯，他年初剛從業務工作轉換至遊戲產業，上班第一天，主管便請他設計一款遊戲，作為工作任務組別分配的能力依據。

他開口就問我：「妳有過一份報告改了很多次的經驗嗎？改到後來跟原本要的都不太一樣了，有一種主管在找麻煩的感覺，搞得我很不舒服。」

David 述說著與主管的互動過程，他第一次送交給主管的遊戲，被認為太過簡單，需要再複雜一些。於是他自行找了程式設計的書，花了一星期寫了一個投籃遊戲，相當得意的交給主管，主管看了一下說：「這遊戲只有投籃功能，沒有A1（隊友，阻擋功能），不夠真實。」

David 接著又向朋友請教程式撰寫，寫出了隊友傳球和防守功能，心想這次應該能符合主管的期待，沒想到主管試玩了一分鐘後說：「功能是很完整了，不過運動遊戲在台灣好像沒這麼受歡迎，不然你寫個射擊遊戲好了。」

David 當下有種被整的感覺，甚至覺得主管是不是在找他麻煩，早點說要做射擊遊戲不就好了，但也只能認命的繼續做。不過，這次射擊遊戲交上去後，主管相當滿意，在他準備慶祝提案過關時，隔天主管又把他叫進去說：「你這款遊戲我認為可以開發，可是那地圖太容易了，你去跟美術溝通一下，看這款遊戲可以怎麼做。」

聽起來，這位主管擁有大量綠色風格主管要求完美的特質。

我跟 David 說：「恭喜你，跟到了一位會讓你飛速成長的好主管。」

David 不解的說：「別笑我了，我都不知道還要再被他改幾百回呢！」

半年後，David 被主管調薪且升為主任，他特地約我在板橋車站樓上吃飯，說著自己進入遊戲產業這麼短的時間，就在公司裡被主管視為左右手，讓其他跟著主管多年的同事都不可置信。

我跟 David 開玩笑的說：「你也說幾招來教教我。」

David 不吝嗇的和我分享了自己和綠色主管應對的三步驟。

步驟一：不期而遇，口頭提案

接到任務或專案後，試著用一個上午的時間揣摩上意，想清楚這個報告的目的和方向，再擬定初步的想法。過兩、三個小時後，刻意與主管來個不期而遇，口頭提出你初擬的想法，並補上一句：「老闆，您覺得如何？可以給我一些回饋和建議嗎？」

步驟二：沒有最好，只有更好

這時，如果你的方向和目的搞錯了，他會立刻告訴你他要的是什麼。此外，除了你提的一、二、三，他會再給你四、五、六的建議。重點是當他告訴你四、五、六，千萬別天真的在報告裡改成四、五、六，應該想一下一、二、三中有沒有哪些是可以參考四、五、六去做調整的，而他的四、五、六裡又有哪些是不適合的，最後甚至也可以自己再想想還有沒有七、八、九的可能。

步驟三：問自己一百個為什麼

不管結果為何，都要有明確的原因與根據，方法就是要先自問自答——為什麼？這是必考題，在回答上要給出正確的事實、數據、資訊，而不要憑感覺回應。

聽著 David 如此精闢的分析，看來他真的把跟綠色主管應對的訣竅都掌握得很到位了。

一分鐘掌握綠色主管

綠色主管有著精準的洞察力，會利用問題來幫助部屬釐清事情本質，而且在拿主意、做決斷、定方向上的決策能力十分快、狠、準。在和綠色主管溝通時，請掌握長話短說、講重點的原則，並且要以數據、事實、專業作為佐證，才不會被他一連串的「為什麼」給問倒。

與金色主管的溝通使用手冊

【品名】規範嚴謹型的金色主管

【領導特質組成】公平公正40%＋制度27%＋掌控指揮18%＋紀律15%

【主要功能】

1.他是個隨時追蹤、檢核進度的主管，這是為了確保事情都能如期執行，絕對不是想嚴密控制你，或者不相信你。

2.當你不在規範、制度內行事時，他一定會立刻告訴你，絕對不是指責，而是關懷提醒。

3.他面對每個人都秉持著客觀、公平公正的精神，賞罰分明，不會有私心或發生偏袒的情形。

【適用人群】

1.自我管理能力強，能遵循組織規則、制度的工作者。

2.工作中會考慮、注重且執行細節者。

3.在工作崗位上盡忠職守、勤奮的工作者。

【與其工作應注意事項】

1.在向本產品報告時，需先提供：計畫如何做？預計花多少時間和預算？文打算何時完成？接著再說明：為什麼要這麼做？這麼做的好處有哪些？**本產品特別在意過程中的細節和過程，因而遲遲聽不到「如何做」與「時間」兩個要素時，他可能會誤判你的計畫不夠周全完整。**

2. 該產品有著Siri功能，當你遇到困難需要解答時，請務必把人、事、時、地、物每個細節具體且清楚的描述，不要用「大概、好像是」這些字眼，而且要一次一個問題慢慢問。該產品擁有龐大資料庫，功能強大無比，只怕你輸入錯誤或訊息不清楚，導致該產品聽不懂你的問題是什麼，否則他都會有所依據的給你回應。

3. 過程中隨時主動向該產品做進度報告，別鉅細靡遺的說你花多少時間在哪些工作上，而要詳細說明每個人、事、物的現狀，以及接下來預計執行的計畫和進度。此外，與他約定好交付的時間一定要準時，可以提早最好。以免該產品以為你很混，工作上都沒有任何進度，或認為你並不是那麼可靠，讓他為你的進度提心吊膽。因此，主動回報是絕佳方式。

4. 無論遇到任何狀況，都請你務必遵照他所制定的工作規範或標準作業流程，以及公司的工作守則，並且保持秩序，讓紀律成為習慣。否則該產品會持續發出「嗶嗶嗶」的警示聲，直到你用正確的方法做事，回到正常的軌道流程中，警報才會解除。

5. 遇到緊急又重要的事，真的需要立刻越級報告時，請務必先用 e-mail 或 LINE 寫個訊息，為自己留下你有在第一時間先告知他的記錄。**該產品一旦意識到你越級，就會直接當機、無法正常運作，**無論原因為何，都將認定你毫無職場倫理，而這事件會讓他一直耿耿於懷。

6. **該產品對於變革中的風險是感到恐懼的，**你若能幫助他因應變革，又能完全控制風險的發生，將成為其信賴的工作良伴。

【使用經驗分享】

沒課時，我喜歡帶著書到偏僻巷弄內的咖啡廳坐著閱讀。這天店裡顧客不多，咖啡廳老闆與員工 Tina 之間的溝通和問答對話，比書裡的內容更吸引我。

老闆：「上次我們說週三要請廠商印製的新菜單，妳修改好了嗎？」

Tina：「我有在弄了，今天不是才週一嗎？」

老闆：「那妳現在進度到哪裡了？」

Tina：「你不用擔心，我週三一定可以交給印刷廠。」

老闆：「現在進度到哪裡了？別跟上次做杯墊時一樣又出差錯了。」

Tina：「上次是因為廠商沒有問清楚RGB和CMYK的原因，反正週三一定沒問題。」

老闆臉很臭的說：「我出去抽個菸，等等妳先讓我看一下改到哪裡了。」

看老闆丟下話後走到門外，Tina嘆了好大一口氣說：「那麼擔心進度，就自己來做啊。每天都這樣碎唸，難怪大家都待不久。」

我看了一下Tina，她對我投了一個無奈的眼神和表情，我也回給她一個認同的微笑。這一微笑倒是讓她走到了桌邊。

我客氣的說：「妳的老闆很像我以前的主管，他不姓金，但我們私下都叫他金主管。」

我看她一副很有興趣的樣子，就接著說：「其實和這種類型的主管溝通，一點都不難。」

Tina 終於開口問了：「所以方法是什麼？」

我不藏私的告訴她，等等老闆進門後，她該如何主動去化解剛剛的衝突。等老闆抽完菸，打開門走到工作台後，Tina 立刻拿著電腦過去和老闆報告目前的工作進度。

我在一旁看著 Tina 好聲好氣的說著：「老闆，那菜單我已經依照上次你交代的，把主打菜色放在第一頁，並且用黑底紅字來加以凸顯。然後下午我打算修改彩色部分的說明，讓它更簡短易懂。」

老闆滿意地點了下頭說：「嗯，那妳什麼時候會完稿？」

Tina 這次不再嫌老闆緊迫盯人，而換了個說法：「明天早上十點，我會把稿子給你做確認。同時也會去跟朋友借色票來確認我們想要的顏色，這樣在印刷上就不會有誤差了。」

老闆在聽完 Tina 的工作進度報告後，還是不忘提醒她：「要問清楚廠商印製的費用每張是多少，大量印刷是指多少才有折扣。」

Tina一聽到老闆講到關於「成本、數字」時，望向我掩著嘴偷笑，還豎起大拇指對我比了個讚，她一定是覺得我料事如神吧。

其實，在斷定對方是金色主管後，再依循他喜歡的標準話語做回應，往往就能得到主管的認可和喜愛了。

一分鐘掌握金色主管

金色主管做事嚴謹，重視紀律，會隨時追蹤、檢核進度，當你不在規範、制度內行事時，他一定會立刻告訴你。他面對每個人都秉持著客觀、公平公正的精神，賞罰分明，不會有所偏袒。不過，他十分排斥工作上的變革與風險，若你能幫助他因應變革，又能完全控制風險的發生，將成為其信賴的工作良伴。

與橘色主管的溝通使用手冊

【品名】目標導向型的橘色主管

【領導特質組成】感染力45%＋目標戰略38%＋膽大5%＋堅毅12%

【主要功能】

1.他是個擅長化願景為戰略、戰術，善於應用手上資源，做事能屈能伸的主管。絕對不是見人說人話、見鬼說鬼話，更不是狗腿。

2.他相當會用話語激勵和鼓勵部屬，但不是你想的只會出一張嘴。

3.他喜歡幫助部屬行動，當部屬接受挑戰，自我嘗試失敗後，只要開口向他求救，他二話不說帶著你就衝了。

【適用人群】

1.喜歡追隨老大，有著絕佳即戰力的工作者。

2.應變力佳，有原則但保有十足彈性的工作者。

3.工作中視業績、KPI指標為第一，使命必達者。

【與其工作應注意事項】

1.**本產品請勿餵食過多繁雜瑣事**，你報告的內容最好是會讓他「WOW」一聲的想法或成果。切忌頻繁的工作進度報告，或詳細說明你計畫的做事流程，否則該產品會暴怒的告訴你：「別煩我，不要什麼都跟我說，我沒時間管你這麼多！」

2.當該產品很突然、很興奮的提出一個新想法或分派一項任務時，你也要立刻且興奮的回應：「老大，就我了！」千萬別管有沒有把握或時間，無論你是否對自己有信心，他可是對你胸有成竹。若是沒有這麼做，該產品很有可能會長時間對你不斷的洗腦說服，當然也有可能將你打入冷宮，不知何時才會再想到你。

3.使用該產品的過程中，最好將所有動作快轉十倍速，趕快把說要給他的報告或成果給他。除了因為該產品很沒耐心外，重點是避免在他還沒看到成果前，會不斷再來告訴或要求你可以加入什麼好點子，或怎麼做調整，進入變來又變去的無限迴圈裡。

4. **本產品設有「防無趣」機制，若你一再提出過去的方式，毫無創意、新鮮、好玩的點子，會導致該產品當機。**當機時，系統會大聲反覆的告訴你：「我不想再看到了無新意的東西，這不是我要的，別問我那要什麼，這樣我自己做就好，就不用請你了！」

5. 如果你哀號、抱怨連連，還一直在他面前討功勞，該產品會抓狂。該是你的，事成後他絕對不會虧待你。因此**使用者要學會隱忍的智慧，不管是對該產品的喜怒形於色，或是工作的不順，這樣使用時間才能長久。**

6. 本產品所置入的「近期效應」零件功能強大，因此打考績前請自行表現良好，最好能**展現一番新作為，或解決一個連他都嘖嘖稱奇的難題。**對了，記得將成果主動輸入，讓該產品知道你的績效表現，不然他有可能會忙到不小心忽視了。

【使用經驗分享】

有次我到一間金融產業授課，一位在管理部門工作的學員 Lisa，利用中午用餐時間與我閒聊。

去年年底她被指派與行銷部合作一個活動，她說自己似乎遇到了橘色主管，與他做事很不踏實，也總無法捉摸他究竟要什麼。

聽著她的描述，確實是遇上了橘色主管。對平日習慣金色主管領導風格的她來說，突然轉換至橘色主管的手下，勢必會感到束手無策、百般無奈。

在職場跟過形形色色主管的我，反倒喜歡跟著這樣的橘色主管——說做就做，不用寫一堆報告，專案執行只管目標不問過程，偶爾適度關懷，對於你所提出的想法意見，幾乎都力挺到底，雖然知道他所說的鼓勵話語都誇大很多，但聽了就是爽。

擁有上述特質的橘色主管，看起來是個人人都想要的主管，但實際上，和這類型的主管在應對上有些大原則要掌握好，否則你會覺得這種主管只會出一張嘴，總是不說清楚要什麼、如何做，而且一天到晚變來又變去。

我簡短的跟 Lisa 分享自己過去和橘色主管互動的一段經驗。

有次半夜我收到橘色主管的信件，內容寫著：「二月二十三日晚上先空出時間，帶妳去參加集團春酒，妳跟我一起主持。」

沒有任何春酒主持經驗的我立刻回信說：「好好好。」

主管又迅速簡短的回覆兩、三行字說明主題和對象，以及他想做的新嘗試，信件往返中只特別叮嚀我，春酒席間帶一、兩個緊扣主題的活動即可。

過沒幾天搭乘電梯時，我跟他說了一個活動計畫，詢問他的意見，他就只輕描淡寫地說了一句：「妳覺得可以就可以啊！只要和主題有關的活動都可以。」

這句話究竟是什麼意思？我百思不得其解。到底是適合還是不適合？擔心大場合會出差錯，我特地請兩位資深前輩分享與他共同執行專案時的訣竅，他們說：「他不管細節，只抓大方向，也不會有彩排，最多當天簡單做個整合。先提醒妳，活動內容多好不是重點，而是當場大家能不能投入、最後效果如何。記得別占用他的時間溝通細節，他一點興趣都沒有。」

準備過程中，主管完全沒找我討論過，只有一次在電梯遇見時問了我準備得如何，我表示很緊張時，他只鼓勵我：「放輕鬆，妳一定可以表現得很好！」

聽完之後，其實我更緊張了，趕緊找幾位同事做了多次演練。最後，那場活動讓在場賓客與高階主管們都相當滿意，而且驚呼連連。

Lisa聽了我的經驗描述後，說：「卡姊，謝謝妳的分享，我抓到了與橘色主管應對的訣竅，就是**別想事事都跟他做細節上的確認，以及凡事都得從成果和成效做考量。**謝謝妳！」

一分鐘掌握橘色主管

橘色主管相當善於運用手上的資源，且會用話語激勵部屬，帶領部屬往前衝。他說做就做，執行專案時只管目標不問過程，偶爾適度關懷，對於部屬所提出的想法和意見，幾乎都力挺到底，不過記得別占用他的時間溝通細節瑣事，這只會讓他失去耐心，他注重的不是過程，而是你的成果。

PART3・知彼之生活狀況篇

遇到不同的顏色性格請換句話說

金朋友
請告訴我確切的時間！
藍朋友
都可以，你們決定就好
橘朋友
這我來，包準沒問題！
綠朋友
告訴我行不行就好！

狀況一：如何讓對方願意接受你的指正

在「出色溝通力」的課程上，我常半開玩笑的問學員：「當你嘔心瀝血完成一份報告、企劃或作品時，各位認為一定要先拿給什麼顏色性格的人看？」學員們總是異口同聲地回應：「藍色，因為不管怎麼樣都會說你好棒。」不過，當我再深入追問，如果真心期望對方給你回饋，讓你的東西可以再更好，那要找什麼顏色呢？

學員們也總是毫不猶豫的說：「綠色……嗯，還有橘色也可以。」

大家都喜歡聽美言，同時也希望能聽到對自己有真實助益的諫言，那究竟要怎麼說才會讓別人聽了覺得舒服，進而願意接受你的指正或建議呢？

首先我們得先了解哪些話可能會讓對方心生抗拒，避免對方產生防禦心理，緊閉雙耳，如此一來就算說再多對的話也徒勞無功，就好比水壺的蓋子沒打開，水又怎麼可能注入呢？

以下這些話，不管聽的人性格屬於什麼顏色，都會感到極不舒服，有些人甚至會當場翻臉，所以要謹慎提醒自己別輕易說出口。

「不是這樣的吧！應該是……才對。」

「我直接告訴你，你這樣根本就不行。」

「你有聽懂我在說什麼嗎？」

「這樣做的意義是？你為什麼會做這樣的決定？」

「老實說，我覺得……」

那麼，根據不同的顏色性格，該如何給予指正，才能讓對方願意接收並接受呢？

對藍色人的指正方式

①分享自己的經驗

上半年度行銷部門的表現非常理想，Nick 副總信守年初的承諾，自掏腰包請大夥去聚餐，Amy 知道大家前陣子一直說東區有間新開的日本料理店非常美味，於是她在會議上提議去那裡慶功。

Nick 副總豪氣的說：「那就麻煩 Amy 安排了。」

慶功宴那天，Amy 貼心地問大家想吃什麼，做足功課的她還細數著每一道料理的推薦星星數。

Nick 在一旁說：「Amy 全權負責就好，吃什麼都可以啦！」

Amy 聽了這句話後，因為想顧全大家的口味和喜好，於是更認真的一一詢問，也一道問了 Nick 要吃什麼。此時，坐在一旁的同事 Kate 卻立刻喚來服務人員點餐。

隔天，Kate 約了 Amy 去樓下買咖啡，她急忙跟 Amy 解釋：「Amy，我跟妳說，有一次中午我跟經理還有副總一起去老張水餃吃飯，妳也知道那裡的水餃口味很多，每一種都好想吃，我看了好久才終於決定。」

Kate 接著說：「後來走回辦公室時，副總先離開，經理就跟我說：『剛剛妳去結帳時，Nick 說不過就吃個東西，妳也考慮太久了吧！下次跟副總吃飯時，以吃得飽為前提就好，他從不在意好不好吃這件事。』

「之後有次我們又約中午一起吃飯，經理特地把那家店的菜單先傳給我，要我到店裡後立刻劃單結帳。那天吃飯我刻意觀察副總，他整頓飯都只聚焦在談工作和他自己的事，完全沒提到好不好吃或與食物相關的任何一句話。」

Amy 一臉感謝的對著 Kate 說：「好險，妳昨天立刻叫服務人員來點餐，不然我應該會花更久的時間吧！謝謝妳告訴我這些與副總吃飯的經驗，實在是太重要了！」

【應用解析】

遇到要指正藍色人的狀況時，若直接點出他哪裡做不好、為什麼這樣不好，以及該如何做才是好的，其實藍色人都會默默的接受並說好，還會真心的謝謝你給予的指正。但是，事後他會一直認為自己很糟糕，或自責怎麼沒做好。

藍色人的特質就是容易想太多，若是以分享自身也有過相同經驗的方式，他相對比較不會模糊焦點，或者認為你對他有偏見，而會將焦點放在該如何把事情做好上。

②期待對方給予自己協助

十一月往往是講師最忙碌的月份，而我的助理要協助我處理所有課前行政和後續發票等相關事宜，所以幾乎也是一刻不得閒。

在每天耗盡體力的站著講課七小時之後，坐上計程車還得即時處理 e-mail 或 LINE，這時我發現已經連續三天收到企業內訓課程承辦人和隨堂助教給我的個人訊息，請我提供相關資訊。

其實，承辦人或助教都很清楚助理和我之間的分工，他們會傳訊息給我，代表是助理未能及時回覆，而事情又迫在眉睫了。

雖然分工明確，但我們的工作是一體的，總不能回覆「這是她的事，請別找我」吧。因此，我留了一段文字訊息給助理，表達出我的困擾與對她的期待。

「以恩，最近課量是平時的一倍，很多事讓妳忙翻了。今天我一下課看到隨堂助教說這兩天妳都沒回覆她明天跟課的時間，所以來問我關於執課的相關事情。我已經先回覆她了，但同時也告訴她行政的事情盡可能不要問我，請她想想自己可否解決，訊息若沒有回，試著打電話直接找人或許可行。

「我需要妳這個月多花點時間和心力協助我，別讓助教和承辦人直接問我有關行政的事，我還滿怕自己暴怒的。往後關於行政通知、請款發票等相關事務要特別請妳幫忙，在他們還沒來找我前就主動完成，麻煩妳了。如果有需要我協助的地方，也請妳務必讓我知道。」

【應用解析】

藍色人往往想把事情做得面面俱到，且符合他人的期待，因此，一旦他人說了他哪些地方做不好時會覺得很羞愧，再加上其富有同理心的特質，會認為自己造成對方的困擾或令人感到不舒服。

建議可以告訴他你所面臨的困擾，但不直指都是因為他的因素，而是請他協助你，避免你不期待的狀態發生，藍色人會很感謝你用這樣婉轉的方式來指正他。

對綠色人的指正方式

①暗示而不明說

我常受邀至企業，用三天的時間培訓內部講師在教學設計上的能力，在連續兩天的教學演練課程後，中間會間隔兩到三週的時間，學員們得獨自進行一場十二分鐘的模擬教學。

某次在製造業上課，當中有位資深且能力極佳的講師旭哥，教學主題是「問題分析與決策」，他交來的作業完全未應用到上課所教授的手法或教具，而全班就只有他是這樣的情形。

他是位資深工程師，課程內容相當有邏輯架構，於是我以暗示的方法告訴他：「旭哥，你的教學PPT我看了三次，內容非常有架構，看得出你在工作和教學方面都累積了很多經驗，整個教學內容我很喜歡。

「唯有一個問題要請你思考，你目前採用個案研討法來進行教學，這方法在EMBA課程中很常使用，非常適合高階主管。不過，教學對象如果是基層員工的話，不曉得他們的吸收程度會如何？」

最後，旭哥在教學演練當天拿下了第三名，他在內容不改的情況下，加入了遊戲教學和教具操作，讓學員對於他的教學高度投入且吸收良好。

【應用解析】

我沒有直接點出旭哥該怎麼做才是我們課程所要求的，而是用問題的方式來暗示他。由於旭哥是綠色性格，明確指出反而容易引起他的辯解或反駁，而**暗示的方式則會讓綠色人自己去做思考，默默接受你的指正。**

當你的指正讓最後成果非常好時，他也會毫不保留的具體說出你給了什麼建議，讓他可以達到這麼好的成效。

②指出重點、點到為止

Renee 是我過去在職場上非常優秀的同事，她負責研發部門的專利說明書撰寫和申請工作。在部門裡，除了她上面的經理，就屬她最資深，因而每到九月，預算編列和年度計畫的工作就自然會落在她身上。

研發部門的會議是由經理代表專利課報告，Renee 並未與會，不過每次會議結束後，經理總是會直接來到 Renee 桌前，告訴她剛剛會議室裡發生的每一件大小事，然後逐一跟她說預算表裡被檢討的每個數字，以及他想要做怎樣的更改。

Renee 常在聚餐時跟我們說：「妳能不能幫我們經理安排一堂授權的課程？我感覺就像是他的打字機，一天照三餐來叫我打開預算和年度計畫修改，一下說這樣不好，一下又說那樣不好，我都快跟他翻臉了。」

直到有一次 Renee 真的受不了，直接對她的經理說：「經理，你可以直接跟我說總經理期待的方向，或是給我一個修正調整的依據嗎？我改好再給你看，你覺得如何？這樣比較有效率。」

經理回答：「總經理認為我們的年度計畫少了從公司策略面做延伸的部分，還有研發部門間該如何發揮綜效。」

聽完經理的回應後，Renee 在三天內交出的新版本，送到總經理那邊一次就過關了。

【應用解析】

綠色不喜歡被當成工具人使用，他的態度是：**我做錯了你可以告訴我，但別告訴我怎麼做，而是告訴我為什麼這樣是錯的，並直接指出最後的期待或需要達成的目標為何。**

別對他叨唸不停，或者怕他不懂，而在同一件事情上不斷補充解釋或舉例，這會讓綠色人完全聽不進去。建議直接說出重點，並且點到即止，別一再重複，才能避免他惱羞成怒。如果真的不懂，他自己會繼續追問。

對金色人的指正方式

①共同分擔錯誤

從事講師工作初期，課堂上學員們進行小組討論時，當他們文不對題或方向走偏時，我都會立刻指正說：「你們討論的方向偏了，把題目再看仔細，看我要你們討論的到底是什麼。」

學員們的反應多半都是默默的點頭，然後開始揣摩題目的意思，即使有所疑惑或不明白的地方也不會發問加以確認，等到上台演練發現不對時，他們才會在台上說是因為自己程度不佳誤解題意。

直到有次我在洗手間無意中聽到他們的討論：「老師的題目不清不楚，明知道我們不對也不講清楚，根本就是故意讓我們往錯的方向討論。」

那次課程之後，遇到有學員無法理解題目或規則時，我都會先這樣回應：「我發現自己剛剛沒有說得很清楚，所以讓大家無法做好，現在我用一分鐘再說明一次，請你們先暫停討論，注意聽……如果你剛才是……做的，那就要請你們重新討論。」

【應用解析】

金色人是遵照規矩制度行事者，因而可以直接跟他們說標準為何，而他有哪些地方未達標準，這樣的指正他們會心服口服的接受。

然而，若是在前端說明不清或有模糊的灰色地帶，你針對他所言所行或結果給予指正時，他會糾結在一開始沒有說清楚的這個點上。因此，建議**先跳出來承擔你錯在先，才導致他錯在後，這樣金色人心裡會得到平衡，願意聆聽你給予的指正。**

②展現出是為了協助他達成目標

小雨在一所國中擔任衛生組組長，有一天校園內跑進了一隻流浪狗，看起來怪可憐，加上學校的校狗在半年前已病逝，於是三年級的班導何老師便將這隻狗留下，想讓牠成為校狗。

何老師除了照三餐餵食外，還請班上同學一起清理狗大便。

小雨過了兩天才得知這件事，她很清楚學校曾在校務會議上通過不再飼養校狗一事，而何老師現在的作為令她感到很困擾。

小雨組長刻意在午休時間約何老師到辦公室外的走廊談這件事，她開口先讚美了何老師一番：「何老師，你非常有愛心且負責，這兩天將流浪狗照顧得無微不至。」

看見何老師臉上露出笑容，小雨繼續說：「學校這半年都沒有再認養校狗，是因為校務會議上曾經表決通過不再讓狗出沒在校園中。現在其他老師之所以有些聲音，也是因為這個原因。」

何老師點了點頭，小雨接著說：「何老師，你看這樣好不好，我們可以先做好一些規劃，像是帶狗去動物醫院做健檢、檢查晶片、絕育等相關事項。此外也可以聯合一些科任老師，將校狗放入生命教育的議題中，在下個月的校務會議上提案此事。」

小雨最後補上一句：「最後我建議你找個時間先去跟總務主任打聲招呼，他會是會議上的關鍵人物。我遇到他時，也會幫忙敲邊鼓。」

後來小雨組長告訴我，這隻狗順利被認養成校狗，何老師還不斷感謝她的幫忙。

【應用解析】

金色在接受指正時，完全知道對方是針對事情，而非針對他個人。因此**在給予建議或指正時，倘若能展現並說出我們一起以做好這件事為目標，金色人不僅樂於接受接下來的指正，更會感謝在心。**

只是在與其溝通前要先想清楚，接下來你要他怎麼做。你的建議或指正可以用階段步驟和人事時地物（5W1H）的方式來加以說明，雖然你不先說，金色人也會一一詢問，但你說明在先，會讓他對你的話更加全面信任。

對橘色人的指正方式

①善用弦外之音

我在畢業後的第一間公司工作三個月後，在學校老師的介紹下，一間平台系統公司以多兩成的薪水，希望我能去他的公司從事業務工作。

年輕時的我，面對高薪難免心動，加上對於當時公司的傳統文化還在努力適應中，在一股外拉內推的力量作用下，我向經理提出了離職。

過程中，經理來回多次跟我分析「職涯發展」和「平台市場」，坐在辦公室裡聽著他的分析，我其實都在神遊，認為這不過是經理要留我的說詞，他說他的，我腦中則是建構著未來業務工作的美好。

直到處長直接找我談離職一事，才改變了我要離去的態度。

她只花了五分鐘說一段話，那段話至今還不時在我腦海裡盤旋。她這麼對我說：「這三個月來，我看到妳就像看到自己年輕時的模樣，尤其是對工作的熱忱和投入。從妳的積極、創意和行動力，我深覺在人資領域妳相當有潛力，未來成就一定無可限量。

「我有著二十年的人資經驗，一路從職員做到處長這個位子，很多專業上的東西或許我可以直接帶著妳，妳是個需要舞台的人。其實以妳善於分享、即知即行的特質，任何時候只要想轉做業務，機會到處都是，不用急於一時。

「不過這是妳的人生，妳必須自己做選擇，我相信妳可以做出對妳最好的決定。」

【應用解析】

橘色性格的人往往會認為自己做得很好、想得很周全，當聽到別人提出不同意見時，不管對錯，為了捍衛自己，很容易立刻就加以否決。

處長在話裡間接包裝後，有意透露出「年輕人不要急，要一步一腳印」，以及「專業是需要磨練的」，而不是直接明說指正，這樣反倒讓年輕氣盛的我覺得自己真的很短視近利，甚至為此感到慚愧，也因而願意正視自己的問題。

②以詢問請教代替指正

公司內的會計負責帳務核銷工作，因為得依照制度嚴加審核，同仁們常被退件，大家常抱怨他們說話都兇巴巴的，很沒有溫度。

唯有會計課的小玉，凡是與她有過業務接觸的同仁，都對她讚譽有加。

直到有一次親眼目睹了小玉和業務主管的互動，終於了解為什麼她會如此深受喜愛。在中午用餐前，我看著小玉拿著一疊費用申請單，站在教室門口等著下課時間。

一下課，她就進教室往李主任走去，蹲在一旁小聲的問：「李主任，我看了一下你們部門送來的申請單，有幾個問題方便跟您請教一下嗎？」

李主任看著蹲在一旁的小玉，用流利的台語說：「妳別蹲著，來，坐坐坐，我坐在這給妳請教。」

小玉面帶微笑的說：「主任，這張 Excel 表中的住宿費用是兩個人一千六百元，還是一個人？因為我看其他高鐵、計程車資、津貼都是一個人的分攤費用。」

主任仔細看了一下，回應道：「這是一個人一千六啦！那個阿榮真是粗心，我也沒仔細看，好在妳有注意到，不然到時候錢下來又在那邊說公司給錯錢。歹勢，來，這我拿回去叫他們改好再送去給妳。」

【應用解析】

如果當面說橘色人做錯了，除非你是讓他心服口服或位高權重的人，或者你和他很熟稔，用幽默調侃的方式，否則他會對你的當面指正感到不悅，甚至反過來指責制度的不是，目的是幫他自己找台階下。

小玉用詢問的方式，外加溫和的口氣與笑容，明知對方錯了卻不明講，還以私下請教的口吻讓橘色人覺得備受尊重，這時橘色人會以自我解嘲的方式接受指正。

想讓他人接受你的指正，要能夠對症下藥、用對方法，開口前先想一下對方和你溝通時，他所展現的性格是什麼顏色，再來決定要用什麼技巧給予意見或回饋，這麼做除了能夠達成有效的溝通外，也能避免給人留下自以為是的印象。

學員辨色變色實例

燦坤實業股份有限公司 Apple 專職講師　黃得智

在我通過內部講師面試前，是在門市擔任產品銷售，區域內的夥伴態度都很積極且來往熱絡，主管也能夠藉由我或其他人立即掌握人員的動態，適時的給予狀態不好的人員輔導。

但後來隨著區域內活躍人員的離開及主管更換，團隊的凝聚力開始大量減少並變得散漫，且這時新主管剛接任不久，還沒有發現這個問題可能帶來的隱憂，因此我開始思考如何給這位「藍」主管一些建議解決這些問題。

・第一次的溝通方式

「我覺得你應該對他們嚴格一點，建立你的權威，然後培養一個『樁腳』，在你需要影響團隊或了解團隊的狀態時能派上用場。」我沒有想太多，試著直接說出建議。藍主管很認真的聽我說完，也表示我的建議很好，但談話中卻表示他覺得現在不需要。所以這次的建議可說完全沒有進展，直到發生了下面這件事。

·意外造就的第二次建議機會

當時的銷售獎金因為新的計算方式釋出當下並未搭配詳細的說明，導致團隊內有銷售員自我驗算時，誤算為獎金被大量扣減，開始四處抱怨新方式。當時有不少人受到該銷售員的影響，認為福利被大量剝削，團隊士氣開始變得很糟，覺得即使自己再努力銷售也拿不到多少獎金，銷售動機和積極度完全降至低點。

這時，我再次找上了藍主管，想順著這次機會讓主管接受我的建議。

·換檔後的溝通方式

正巧當時我剛上完「出色溝通力」，發現我從來沒有意識到，有沒有用對方能接受的方式給予建議？短暫的寒暄聊聊近況後，我在建議上加了點藍主管在意的內容：「目前團隊內的雜音太多，你需要嚴正的制止發出流言的人再四處抱怨，因為他，目前我們與銷售員的團隊和諧正在破壞。另外是不是能找個你信賴的人，用成員而非主管的角度去幫忙解釋這件事，這樣他們更能接受？

而且你以後還能透過他，知道其他人的狀況，適時給予關心協助，這樣子團隊應該能更加的和諧、更容易運作！」這次說完後藍主管的反應不同了，他立即問我：「你覺得我們接下來要怎麼做？誰比較適合？」之前無法被接受的建議，在把破壞團隊和諧的部分加進來後，開始有了變化，最終我們讓團隊的疑慮與抱怨聲音縮到最小，而團隊的銷售積極度也恢復正常。

卡姊出色應用解析

人際互動中給予別人意見指正和反饋時，得拿捏好用字遣詞、口氣與表情，避免自己的好意遭到誤解，尤其是面對自己的直屬上司。

得智是個重視團隊，且樂於分享策略的夥伴，仔細端看他前後給予主管的建言是一樣的，前一次說法「我覺得你應該」會讓藍主管有備受指責的感受，第二次只是換了個字眼和說法，放入藍色在意的關鍵字眼，像是和諧、團隊、信賴，主管不但接受了還繼續追問著接下來可行的做法。

狀況二：如何委婉拒絕他人

幾年前我到台中去演講，下午四點結束後，趁著人潮不多，去了逢甲夜市。走在路上，後面傳來一聲：「小姐，請問妳知道福星路怎麼走嗎？」

我回過頭看著那位小姐求助的眼神，回道：「抱歉，我不是台中人，路不熟耶。」

「沒關係，我只是聽說那裡有一家很有名的『煙囪卷』。」

一聽到吃的，我就完全被她搭訕上了。後來連她姊姊都出現了，兩個人說她們從南部上來，聽說這附近有一間皮膚診所很神奇，生意特別好，兩姊妹最後還問我要一起去嗎？

對於皮膚不是那麼在意的我，其實一丁點興趣都沒有，不過心中又想著她們這麼熱情，說「不要」很掃興，而且也有點不好意思說「不要」。

於是就一路跟著她們走走聊聊，來到那間傳說中很有名的皮膚診所。到了門前，我看著地上數十雙的鞋子，心頭立即感到不妙，猜想我應該是被騙來這兒推銷商品了。

我轉身告訴她們：「謝謝妳們的分享，我皮膚目前沒有這個需求，現在我知道地點了，有需要我再自己來。」

自稱是姊姊的人還補了一句：「這裡平常可是一位難求，錯失了機會，下次不知要等多久。」

我說了句「沒關係」後，頭也不回的就離開了。

不知大家在路上遇到這樣的狀況，都是怎麼回應的呢？你會像我一開始一樣不好意思拒絕，還是像後來委婉拒絕後快速落跑，或者是自顧自的裝忙當作沒聽見呢？

面對陌生人，我們常常都無法招架了，更別說要對自己的主管、同事、朋友或家人說「不」，那更是難上加難，根本就開不了口，最後只能無奈的說「好」。

到底該如何說「不」呢？我想先從不同顏色性格的人要如何婉拒他人說起，接著再來談當我們遇到不同顏色性格的人，該用什麼方式對他說「不」，才能讓彼此間仍保有良好的互動關係。

藍色人要如何掌握說「不」的技巧

別怕對方失望

藍色人是大家公認的好好先生、好好小姐，因為不想讓對方失望，所以覺得自己不該拒絕他人，可卻往往在說「好」以後，就恨自己為什麼沒有勇氣說「不」，最後常常是自己讓自己失望了。

我有位很要好的高中同學阿娥，有一次約她去看電影「為愛朗讀」，電話中她一直問我關於這部電影的很多問題，像是什麼劇情？主角是誰？好看嗎？其實可以感受得出她不想看這部電影。

我直接問阿娥：「妳是不是沒興趣啊？」

她才支支吾吾的說：「也不是啦，我沒有不想跟妳去看電影喔！妳不要誤會，我只是聽說這部電影好像很沉悶。」

我和阿娥的交情已經有十多年了，很清楚她是個藍到爆的人，總是無法直接說不要、不行或不想，最後我告訴她：「其實妳直接說出口，或許當下我可能會有那麼一點點的失望，但妳的拒絕並不會對我造成任何困擾，我們可以看其他妳感興趣的電影，或是選擇去做其他的事。」

【應用解析】

先釐清對方所說的是規定、要求，還是商量、請求，不要認為自己有義務去接受所有的人事物，進而覺得自己不該拒絕，也別勉強自己去做任何不想做的事。說「不」並不會困擾對方太久，而且通常對方還沒有你自己那麼在意被拒絕的感受。

請開始學習將對方的請託視為交涉，不需要解釋拒絕的理由，以免理由被一一反駁，而是用明確的字彙和堅定的口氣，表達出拒絕的意念與態度。

綠色人要如何掌握說「不」的技巧

放慢速度再說出口

綠色人在與人溝通互動上相對較為直接，且因為重視效率的關係，所以習慣速戰速決，不要、不行或不想，都會不加修飾的直接告知對方，若再搭配上嚴肅淡定的表情，很容易讓對方誤會自己冷酷無情。

我曾參加一個職能系列的培訓課程，上第一堂課時，隔壁坐了一位安靜不多話、滿頭白髮的男士。課堂中有個演練，老師要求三人一組，我就笑笑的問他：「我方便跟你一組嗎？」

他冷冷的看著我說：「不方便。」

從他回應我的那刻起，我心中就認定他是個難相處、不圓融的人。

直到倒數第二堂課的驗收演練，我們被抽到同一組，在台上他展現出專業的績效面談技巧，我也很稱職的扮演績效不佳的員工，講師回饋時給了我們很好的評價。

中場的點心時間，我和他聊了剛剛我們的表現，以及我從他身上學到了什麼，看他露出和悅的表情後，我就用好奇的口吻問：「大哥，可以問一下你也是從事人資工作嗎？」

他又冷冷的反問：「怎樣？」

「我只是想說，第一堂課問你能不能和我同組，你直接超酷的說『不方便』，我第一次遇到這麼酷的人。」

大哥接下來的回答更酷了：「因為我部屬有來上課，我想直接跟他做練習，這樣最真實，所以不方便跟妳一組。」

【應用解析】

答應別人時說得快，大家都喜歡，可是拒絕時立刻說「不要」，會讓人覺得冷漠無情或難以相處，在與你溝通互動時會不自覺的感到害怕。

試著別立刻說不，給自己一些時間，讓回應不要如此精簡，加入有溫度的互

動，或是補充說明回絕的理由，口氣上溫和不急促，當然臉部線條若能再柔和些，那種令人心生畏懼的嚴厲感就會褪去不少。

金色人要如何掌握說「不」的技巧

平時先累積人情存摺

金色人做事依循標準規則，凡事有規劃，對人對己都是如此，因而面對他人的請求時，大多會因為手上要事繁多，或對方的要求不符規範標準，而選擇直接拒絕。當一再被拒絕，就容易讓對方留下不通情達理、只關心個人事務進度的印象。

年資十五年的眉姊，擔任稽核部的資深專員，稽核工作時時不得閒，要做內部稽核外，還要配合公司推動的細緻服務對各門市做人員評核。每當後勤有動員全公司人員的活動時，眉姊總是會以手上正在進行哪些稽核項目為由，無法配合參與或支援。

稽核部裡另一位年資和眉姊相當的李資專，他的情形也是一樣，平時工作忙碌，常常無法參與活動，且因為公司導入ISO9004，對於各部門的文件要求極度嚴格，像是訓練課程簽到表的格式不正確，就會請我們重做，並要求當時上課的學員一一重新簽名，完全沒有討論的空間。

然而在公司裡，不管李資專走到哪兒，大家都會主動打招呼，反倒慈祥的眉姊就沒這麼受歡迎。

那年李資專不僅被總經理直接提名為公司的年度傑出幕僚人員，後續在公司的同仁票選排名中還榮獲第二名，我一度認為李資專是靠著中年大叔的成熟魅力才得到女同事們的大力支持。

直到尾牙頒獎當天播放得獎者影片時，才總算知道為什麼李資專會得到公司同仁們的愛戴。大家在影片中你一言、我一語的說著——

「李資專人最好了，常常到八樓來，就轉進來問我有沒有公文要送到七樓，讓我少爬幾層樓梯。」

「向來嚴肅行事的李大哥總是很難約，但他每次都會特地去幫我拿影印機印好的文件。」

【應用解析】

金色人要說「不」並非難事，因為你都是有所依據或有所標準的婉拒他人，別人聽了好像也無法提出反駁的理由，可如此一來就容易對你產生誤解，認為你不懂得變通，甚至覺得你很難搞，總是不配合。

試著刻意留些空檔，像媽祖出巡般主動給予他人順手的簡單協助，只要平時收集這些「人情借條」，當你必須拒絕他們時，他們通常也不會感到生氣。

橘色人要如何掌握說「不」的技巧

先給自己一點時間再回應

只要對方灌幾句迷湯，或是說這件事非你不可，橘色人就會義無反顧的爽快答應，甚至還自己加碼，等到事後才悔不當初，邊做邊怪自己一時衝動，把自己逼到事情做不完、甚至是生不如死的地步。

早期我在大陸上課，當時我在內地有三分之二的時數都是由一位名為安娜的業務幫忙接洽的。有一次她接下了河北企業內訓的「情緒與壓力管理」課程，她打電話給我時是這麼說的：「老師，我跟妳說，我最近接了一家企業，他們從中國移動通信那邊聽說妳很會講課，所以要邀請妳去上課。」

我問安娜：「上課的主題是？」

「老師，這課程很有挑戰，依妳課程設計的能力絕對綽綽有餘，而且大陸學員都好喜歡妳，妳來上『情緒與壓力管理』應該是沒有問題吧！」

我根本不是這方面主題的專家，但在這種時候，橘色的我一旦拒絕不就等於示弱，而且面對幫我接洽最多課程的業務，這麼做也顯得很沒義氣，於是我沒多說什麼，一口氣就答應了安娜。

一直到課前兩週，我都還在沒日沒夜的設計課程講義，每個夜晚我都在懊惱當時為什麼要答應。

到了上課當天，即使學員互動投入度很高，我還是一心期待快快下課。對一個言行一致的老師而言，那是一堂完全沒有自己靈魂的課程啊！

【應用解析】

太過在意自己當下的感受，有時候答應得很快，最後辛苦的只會是自己。其實，**並不一定每件事情都要有你，也不用每件事情都要展現自己很行，偶爾收起自己的氣魄或自以為的義氣，就算這件事你拒絕了，對方一樣可以完成，並非真的非你不可。**

請學習在聽到請求時別立刻說好、沒問題，而是告訴對方「我要先看看，等一下才能回覆您」，根據自己的時間、能力、資源分配量力而為，該拒絕時就婉轉的回絕吧！

面對不同顏色性格的人要如何說「不」

知己知彼，百戰百勝，在掌握了自我性格說「不」的技巧後，接著就可以觀察對方在面對拒絕時的性格偏屬什麼顏色，再試著「換檔」用他能接受的拒絕方式來說不。

①對藍色人說不

•我其實很想……

我們都無法避免參與各式各樣的飯局，席間更免不了喝酒。過去我滿喜歡喝酒的，直到近一年盡量滴酒不沾，好朋友也都知道我的決心，所以不會勸酒，但不常碰面的人就會不斷的邀約。

去年過年回家和親戚們一起吃飯，大家邊吃邊聊，正興高采烈時，大堂哥來到我們這一桌，一看到我酒杯是空的，立刻拿起酒要為我添酒。

我笑笑但堅定的說：「我從去年就沒有再碰酒了，不然看大家喝得這麼開心，我早就跟大家一起乾杯了。不過我很開心堂哥今天約大家一起吃飯，聊聊小時候的糗事和趣事，我就以可樂代酒敬堂哥一杯。」

堂哥乾了他那杯台灣生啤，我也豪爽的一口氣乾了杯可樂。

• 建議或許可以……

在擔任講師初期，我以職涯顧問的角色走訪各大專院校，雖然這些年已將重心全面轉戰至企業，但還是常常收到校園演講的邀約，通常我會這樣回應：

「非常感謝您的來信邀約。目前主要以企業內訓為主，深感遺憾，期待後續有其他合作機會，再次感謝。」

若是知道學校單位已透過部落格將我的教授主題、教學風格做過一番研究，又早早前來邀約，遇到如此用心的邀請者實在不忍拒絕，通常我會以這樣的方式婉拒：

「非常感謝您的來信邀約。我已有三年的時間沒有接觸校園講座，主要都以企業內訓為主。不過我想推薦×××老師，她上課方式生動活潑，常受到校園指名邀約，而且她服務於××大學，工作上大量接觸學生與職場新鮮人，如果您覺得這建議也不錯，我可以幫您詢問她的意願。」

【應用解析】

藍色人相當有同理心，在提出請求前可能早已預想了很多會被拒絕的理由，因此**若是無法答應，不妨直接說出，但話語中可以透露出「我真的好想答應你」**，這樣藍色人雖然被拒絕，卻不會感到萬分難受。

當然，如果被請求的事不是只有你能做的話，則可以建議他找誰幫忙，或是這件事情可以怎麼做，像這樣提供自己的資源也是一種方式，這會讓藍色人認為你雖然拒絕他，但卻格外在意他的請求，盡你所能的在幫他解決問題。

②對綠色人說不

• 我的能力不足……

Jack 擔任內部講師多年，專案管理是他很拿手的課程。關係企業的雷總聽聞 Jack 的課程大受好評，而且上過課的 PM（專案經理）回到工作崗位後，在排程上大大改善了過去資源未能妥善運用的狀況。

於是在一次會議上，雷總邀請 Jack 去幫他公司裡的研發工程師上課。

Jack 這樣回應：「雷總，我平時的授課對象都是PM，在公司的歷練也只有和研發工程師有簡單的互動而已，沒有實際做過工程師的工作，以我的能力恐怕無法從他們的角度來談專案管理。」

雷總輕點了頭說：「好，我知道了。」

• 不過我可以……

Sandy 和我一起去參加一個好朋友 Leo 的讀書會，一開場 Leo 就跟大家說他將舉辦一場更大型的讀書會活動，中場休息時，他朝我們走了過來，刻意將我們拉到一旁說話。

「我想請妳們兩個幫忙當這場讀書會的主持人。」

我毫不猶豫的說：「好啊！我沒問題。」

Sandy 趕緊說：「Leo，主持我不行，不過其他工作都可以任由你安排，我會全力協助。」

Leo 拍了下 Sandy 的肩膀說：「謝謝妳，Sandy。」

【應用解析】

和綠色人的溝通模式以簡單、說重點為主，回絕或婉拒時也不例外。**示弱是一個很能讓他接受的理由，可以是缺乏專業、能力不足、技能不佳、時間規劃差導致自己沒有時間等等。**

面對綠色人，不妨在拒絕後，提供其他選項給他做評估選擇，務必記得讓他握有掌控權，像是可以這樣說：「我星期一的時間不能配合，如果是接下來兩週的時間都方便，可以依你的時間做安排。」

③對金色人說不

・如果這樣那樣就……

我有個很要好的朋友小君，我們一直相約要一起去騎腳踏車，但時間老是兜不攏。

有次我們聊到跨年活動，我跟她說元旦要跟知心好友去看五月天演唱會，她說他們全家還沒有計劃。

過幾天，小君丟了私訊給我。

「卡姊，早安！十二月三十到一月一日我們全家會在東北角的龍門露營區露營，三天兩夜都會在那裡。那裡有好幾條自行車道，歡迎妳隨時過來坐坐、喝咖啡或是騎腳踏車。如果有比較確定的時間，妳再隨時讓我知道。」

直到跨年前一週，我回了一封婉拒的私訊給她。

「我的書正如火如荼、一字一字的慢慢累積中，如果這週有完成進度，週日天氣也理想的狀況下，我就去福隆騎腳踏車與你們巧遇唷。（這五天我會努力好好加油！）」

做事規劃有條理的小君，看到訊息後立刻回覆：

「妳再衡量一下自己的時間，如果時間不允許就別勉強，正事為重！」

• 我真的不能幫忙，因為……

我的朋友 Dami 在一家知名的製造業集團擔任月刊編輯，她常開玩笑說自己比較像是銷售員，每個月得根據主題挨家挨戶的拜託員工們踴躍投稿，而其中最難的就是說服中高階主管。

被拒絕對 Dami 來說是家常便飯，他們的回答不外乎：

「我沒空，妳找別人。」

「我文筆不好，妳還是別找我麻煩了。」

「這個主題不適合我，妳去找那個誰誰誰……」

這些回應常常讓 Dami 感到無奈與挫折。

不過眾多主管中，唯有紀副總對她說「不」時，不會讓她感到不舒服。

那位副總是這樣說的：「謝謝抬舉，但實在是不方便。尤其近日換執行長，很不適合大動作，要低調。但有其他需要協助的地方請妳務必讓我知道，我會盡全力。」

我問 Dami：「為什麼？對方不也是拒絕妳嗎？」

Dami 這樣解釋：「紀副總直接的告訴我不方便的原因，而非推託之詞。」

【應用解析】

金色人與人溝通互動時喜歡說清楚、講明白，因此請明確且具體的表達自己的底線和規則，能夠描述得越詳盡越好。只要運用以下公式的婉拒方式，金色人完全可以理解和認同。

公式一：有條件的承諾，亦即在什麼情況下你就會答應。例如：我現在無法答應幫忙你，如果我手上的提案在今天中午通過，下午就可以協助你做這件事。

公式二：什麼狀態就不行。例如：下個月的假日我們都可以約吃飯，但如果遇到小孩學校有活動要家長參與，我就得以學校活動為主。

③對橘色人說不

•謝謝你想到我……

多數人都很討厭公司尾牙時被指派上台表演，更不用說擔任主持人這樣的角色了。

那天我到一間科技公司上課，這是我第三次幫他們做培訓，下課時，公司福委會主委走進教室，不算小聲的問了學員Mia說：「Mia，我聽說妳在前公司連續兩年都主持尾牙，而且妳性格和我一樣都是老師說的橘色耶，今年就妳跟測試部門的 Roger 一起主持吧。」

Mia 年紀雖輕、個子雖小，但卻擁有橘色靈機應變的特質，她立即運用課堂所學，回道：「主委，好開心您第一個想到來找我，我才來公司半年，主委就願意給我機會站上這麼重要的舞台，不過我還太嫩，連自己的工作都還在摸索呢。如果明年再有這樣的機會，希望主委還能想到我。」

主委哈哈大笑，對著正在收筆記型電腦的我說：「老師，我太欣賞橘色了，看到 Mia 就像看到年輕時的自己。」

• 如果你是我的話會……

年底各大公司都會邀請各家管顧公司提案隔年的培訓課程，十一月時，有間在南部的企業已透過「憲福育創」提案包班上「出色溝通力」課程。十二月時，另一間管顧公司的業務 Debbi 來電問我是否可提案給同一間企業。

不同的管顧公司之間不重複提案，這是講師市場的隱規則。想當然耳，我一口回絕了。

隔天，Debbi 又鍥而不捨的來電：「卡姊，沒有意外的話，這間公司明年的企業內訓都會由我們公司來規劃，我有提到妳已經透過別間管顧公司提案，通常就無法再讓我們做提案。可是客戶已經指名，他們真的很想邀請妳，不知道卡姊可以讓我們再提一次嗎？」

「Debbi，我和妳一樣很喜歡這個客戶，但如果反過來，妳會希望我答應妳之後又答應別的管顧公司嗎？」

「當然不會啊！但這次情況真的很特別，卡姊，妳再考慮一下。」

「如果我現在答應妳，不就等於是在告訴妳，未來我遇到同樣狀況也會背著妳答應別人不是嗎？」

「我懂了，謝謝卡姊，謝謝妳讓我知道什麼叫合作和信任。」

【應用解析】

橘色人雖然個性大剌剌，看似乾脆，但被直接拒絕時卻反倒容易引發反彈，並有一種掃興或失敗的衝擊感，因此**在說不時，若能同時將焦點轉移到他身上，讓他保有面子，只要橘色內心爽，一切就都沒問題了。**

不過，橘色人會在對方說出拒絕的理由後，為了讓對方同意請求而一一加以反駁，或是想辦法幫忙解決那些因素，因此，**透過反問讓橘色自己把「不」說出口**，也不失為一種好方法。

每個人在面對「拒絕」這個課題時，可以先檢視自己在說「不」時會面臨的困境是什麼，再試著練習去改變這個狀態。接著再透過「辨色」，確認他人在與你溝通、請求事情時的模式屬於什麼顏色，最後讓自己「變色換檔」成對方能接受的拒絕模式來做應對。

學員辨色變色溝通實例

塞凡提品格藝術幼兒園主任　程瑤

我的工作是幼兒園的班主任，時常要面對各式家長的提問並幫忙解答。

小班的小強媽媽非常注重孩子的作息規律，早上七點半一定要起床，八點出門，八點十分到校，晚上六點接小強回家。每天，小強一定會在晚上八點半上床睡覺。

有一天，小強媽媽焦慮的打電話給我：「小強晚上上床後，翻來覆去直到九點半才睡著，明明以前上床後不到十分鐘就睡了，但我必須要在小孩子睡著後，繼續處理老闆交辦的公事，這樣的情況已經連續二星期了。」

媽媽覺得她給孩子的作息非常正常，是不是在學校的午休睡太多了，導致晚上睡不著。其實小強在學校的運動、睡眠都跟以往一樣，沒有什麼大太的變化。媽媽覺得小強不能在九點半以前睡著，深深影響她處理公事的時間：「老師可以不要讓小強睡午覺嗎？讓他跟著老師辦公，這樣晚上就會累到睡著。」

我們也很希望媽媽可以在晚上的時候好好完成工作，但是考量到小強的生理發展，我們不確定不午休是不是適合小強。

「我就是希望他中午不要睡啊！我真的很困擾。」小強媽媽問。

小強媽媽是金色人，於是我思索了該如何拒絕金色人的請求，所以我這樣跟她說：「媽媽，我能理解小強晚上準時睡覺對您來說很重要，您的建議我可以試試看，前提是小強到下午回家前都保持有精神，如果不午休導致小強下午明顯精神不好，就表示小強是需要午休的，我們還是會讓小強正常跟同學午休。

「在學校我會請負責的老師在下午再增加體能活動，也建議媽媽接小強回家前，繞過附近的公園玩個半小時，回到家再吃飯並進行比較安靜的活動，我相信能夠幫助小強有個安穩的睡眠。」

「謝謝老師，那我們就這樣試試看吧！」

我常常遇到不能接受打破孩子規律作息的金色家長，我能夠站在家長的立場去傾聽，但是更要以孩子的發展為第一，所以適時的判斷，應該為了孩子勇敢的對家長說「不」，並且給予家長支援與正確的引導。

卡姊出色應用解析

拒絕他人又不讓他人難堪是溝通中一門很難的藝術，當對方是顧客時，更得顧及對方被拒絕時的感受。

家長所提出的要求，讓身為老師的程瑤，面臨了該堅持既有的理念，還是順著家長的兩難。程瑤老師睿智的在判斷家長為金色人後，並未拿出孩子得遵守群體生活來加以拒絕，反倒是提出了第三選擇。**先表示接受家長的提議，但額外提出條件式的拒絕，同時建議家長可以怎麼做來幫助孩子的睡眠**，程瑤老師這樣的溝通說話順序，讓拒絕於無形之中，卻有形的給予引導建議。

因人而異的用對拒絕方式，不僅能成功婉拒，也不會被貼上無情的標籤。

狀況三：如何化解衝突

關於「跨部門溝通」這個主題，從年初到年末，無論是科技業、製造業以及服務業都有培訓的相關需求。

在「跨部門溝通」課程一開始，我會讓學員分組討論「部門之間在什麼狀態下會產生衝突、互補、合作和競爭」。

對於部門間之所以會產生「衝突」，學員們的回應不外乎是——

1.在觀念、立場、目標、標準、意見或資源分配上的歧異。

2.態度不佳、要求過多、推卸責任、堅持己見而無法溝通。

有次我到遊戲產業去上課，有位學員上台分享了前所未有的答案，當他將「個人仇恨」四個字說出口時，全班不斷鼓掌叫好。

他在台上不疾不徐的解釋著：「有時候其實我們都知道某人提出的想法或觀

念並非不好，但因為過去彼此間發生過衝突，且未得到解決，或只是製造表面的假和諧，導致和這個人之間一直存在著舊仇，所以不管他說什麼、做什麼，即使只是走過眼前，你都覺得他很礙眼。」

他這麼一說，全班的掌聲更是如雷貫耳。或許他們全班都有一個共同的敵人吧！身為局外人的我，不方便多問什麼，不過倒是可以從「跨部門溝通」這個主題來切入做討論。

在職場中，無論是基於任何因素發生衝突，結果可能是以競爭姿態拚個你死我活，也有不少人選擇刻意不談來逃避，或是委屈自己遷就他人，而最常見的狀況是為了完成任務，雙方各退一步達成妥協。

妥協看似雙贏，但並非如此，因為雙方都是抱持著「沒魚蝦也好」的心態，才做出退讓的選擇，事實上，在心裡對於無法完全遵照自己的意思仍舊會耿耿於懷。

一旦發生衝突越早處理越好，最好在一開始就讓它結束。基本上，化解衝突有三個步驟：**首先和對方約定彼此都可以談話的時間，然後兩人依約定時間展開對話，最後達成具體協議。**

在展開對話的階段，不同顏色性格在自我主見、主動積極傾聽和事務聚焦上的重視程度，以及應對展現皆有所差異，接下來我將分析，在衝突化解後展開的對話階段，不同的顏色性格應該要注意及微調之處。

藍色人要如何化解衝突

別自己悶著，試著說出心裡的感受

藍色人也是有情緒的，只是太習慣將微笑掛在臉上，即使感受到不舒服，也難以讓人輕易看透，在遇到衝突時尤其如此，會更加掩飾自己的情緒。就算生氣了，當他人問及感受時也會笑笑的說自己沒事，要對方別想太多。

一位曾在台中聽我演講的學員Sera寫信給我，說她任職於傳統產業的經營管理課，工作多以專案方式進行，得面對不同部門的同事，過去她最不喜歡和業務共事，因為業務對她發出的郵件或訊息總是愛回不回的。

不過在聽完「正面迎擊的力量」演講後，她試著把她的想法透過文字表述，放在與業務的 LINE 群組中。

她貼了截圖給我看——

「各位業務夥伴，每週五下午要回報該週的業務數字，大家常常已讀不回或是拖到週一早上，這讓與你們一起工作的我，感受不是那麼舒服，因為這會讓我無法利用週五下午或假日的時間完成業績報告。未來我將固定提早在週五早上十點發訊息提醒，請你們在下午四點前回覆，可以嗎？別再已讀不回囉，謝謝你們。」

Sera 在信中特別跟我分享，說出心裡不舒服的感受後，內心有種舒暢感，不過同時也很緊張業務們的反應，結果他們竟然在群組裡紛紛賠不是，並承諾一定會做到。

【應用解析】

在面對衝突時，別迴避談自己在衝突事件中的感受，否則容易陷入受迫害者的心態，採取被動的方式來逃避問題，而怯於用積極的方式來回應自己的想法，如此一來，在面對該類型的衝突時很容易陷入無限循環的深淵。

此外，藍色人擁有敏銳的覺察力，能透過表情變化或語調轉換，觀察出對方細膩的反應、感受或是未說出口的觀點和想法，然而，若是遇到心直口快或表情冷酷嚴峻的人，有時候會自行補上太多對方沒有的意思。

因此**在面對衝突時，藍色人要避免自我評斷，而是把自己的想法和感受具體明確地說出來。你可以練習像這樣做表達：什麼事情＋帶給你的感受（或造成的困擾）＋你期待的做法。**

試著在對方陳述後，重複他說的內容，說出你對這些話的感受，直接詢問是否正確，這可以驗證你的觀察和假設，避免衝突像滾雪球般越滾越大。

綠色人要如何化解衝突

別急著回擊，偶爾要卸下防衛

綠色人對於自我要求極高，更不喜歡他人對自己有所質疑，因而在溝通時會以防衛心築起高牆，尤其是彼此處於衝突狀態時，對他人的一字一句都會有反射性的回擊，在用字遣詞上猶如刺蝟般句句帶刺，讓人感覺相當不舒服。

有一年的父親節，我們全家到餐廳吃飯慶祝，從我們進餐廳後，隔壁桌的人一直不發一語，靜悄悄的吃著飯，臉上毫無表情可言。

直到他們那一桌上甜點時，當天的主角爸爸終於開口了，那一口外省腔和大嗓門，很難不被他們的對話給吸引。

「下次過節，我們還是在家吃就好了。」

其中一個女兒回他：「你不喜歡這家餐廳嗎？這是你自己當初從幾家裡面挑選的。」

爸爸急著解釋：「我只是覺得在外面吃就是沒有在家裡舒適。」

「反正你就是不喜歡我們幫你慶祝，生日也是，父親節也是。」

「在家裡也可以慶祝，我這幾年不是都配合了嗎？」

「你看你用配合這個詞，好像是我們逼你的一樣。」

「我沒有不喜歡你們幫我慶祝，只是不想要你們這麼麻煩而已。」

「我們從頭到尾有說過麻煩了嗎？」

我要是那位爸爸，要不就暴怒走人，要不就去廁所痛哭一頓了吧！可那位爸爸壓抑了自己的情緒和感受，只輕輕的說了一句：「我敬大家，謝謝你們的精心安排。」

看著隔壁桌父女間的冷衝突，再看看我們家偶爾穿插幾句話的吃著飯，頓時深覺我們家三個孩子真是好順服的兒女。

【應用解析】

綠色人在面臨衝突時會主動掌控全局，這是出於求勝心，以及擔心自己表現不夠好或別人挑剔自己的缺失，因此在對方描述自己的感受和想法時，會不自覺的將之誤判為攻擊的訊號，而採取反擊，如此一來，往往會讓對方選擇以壓抑自己的方式做回應，以求彼此的表面和諧。

面對衝突時，請在展開對話前先提醒自己，對方的表達只是在提供資訊，並非對你不滿，更別認為只有自己是對的，對方都是錯的，對他人多些寬容，別在字裡行間找別人說詞上的漏洞，試著用點頭示意或以一聲「嗯」來代替「反正」、「可是」這些略帶質疑性的字眼。

金色人要如何化解衝突

別再執著原則，試著換個方法

金色人相當重視原則問題，因此人際方面有所衝突時，只有少數是因為人的因素，大多是對方認為金色人在處事上太過有原則，或是過於堅持做事的程序，尤其在自己是對的狀態下，就更難說服他做調整。

我之前任職於美容產業，「貴婦之夜」是公司的年度大事，會議室裡正如火如茶的展開討論，營業管理部的 Mandy 經理請資訊部提供整合全部分店前五十位VIP的資料，且每筆資料要有年度消費金額、回流和滲透品項，以及轉介顧客的客單價。

資訊部的 Jason 一聽立刻回說：「現在各店輸進系統的只有課程名稱和金額，其他像回流、滲透，以及誰是誰的轉介顧客，這些資訊都沒有特別備注，這樣要怎麼撈資料？」

Mandy 直接回道：「怎麼撈資料是你們部門要想辦法，怎麼會問我呢？」

「如果是這樣，那妳告訴我要撈哪幾年的資料，我撈給你們，你們自己再一一做比對。」

「我們忙活動都沒時間了，哪有時間做比對！反正下週請你提供，老闆要看這些名單。」

Mandy 說完，轉頭就離開會議室，留下 Jason 對著我們碎唸她的無理要求和總是拿老闆來壓他。

隔天又召開會議，兩人完全沒有互動，連眼神都刻意閃避，也絲毫未提起名單提供的事。

隔週進會議室，兩人坐在裡頭有說有笑，事後一問才知，原來上週五兩人一起搭高鐵去高雄出差，Jason先開口打破了僵局。

Jason跟我們分享了方法：「因為我的系統裡沒有這些資料，Mandy經理也沒有人力去做整合比對，但VIP資料又非生出來不可，最後我們快到左營了，就一起討論出結果：最了解這些VIP顧客的就是店長，而且客卡都在店裡，那就由資訊部撈出各店今年的前五名，營管部負責設計表格讓店長填寫滲透、轉介及回流的品項和消費，最後再將資訊排序，用這樣的方式來提供公司的前五十位VIP資料。」

【應用解析】

在衝突發生的狀態下，如果因為自己有理，而無法體諒他人的處境，堅持要對方放棄他的立場或方法，只會讓衝突更加擴散延伸。

這時切記別將時間和焦點放在爭論上，多想一下彼此的處境，別去糾結誰對誰錯，而要將重點放在事情是如何發生的，以及可以怎麼去解決。

面對衝突時，別執著於自己的處境和原則，當「你的」和「我的」立場、方法引發衝突時，試著改變思維用「我們的」思維模式，一起定義出彼此想要的成功為何，跳脫現有框架，一同找出更好的選擇。

橘色人要如何化解衝突

別只愛給建議，要多點聆聽

橘色人對於自己想做的事情，總是用盡各種方法去達成，有時不惜費盡力氣推翻別人的立場，只為了說服他人接受自己的觀點或做法，容易讓人留下自以為是的印象。尤其在發生衝突時，霸道執著的言語更是容易惹來他人的反感。

年輕時，我的橘色性格相當外顯，有一次負責公司推廣語言學習的專案，其中一個項目是英文培訓課程，當時找了三間語言補習班提案報價。上簽呈時，我根據三間的師資、內容可客製化程度、可配合公司其他活動推廣等面向做了分析比較，並強烈建議由A公司來協助執行此專案。

後來簽呈簽回時，主任給的建議是B公司，他寫了三個選B的理由，最後一層層送簽主管後，主管請我們再做精準且一致的評估。當時我年輕氣盛，一心認為廠商來做提案簡報時我都在場，後續也是我一一去做追加項目，我最清楚哪間補習班可以帶來的效益最大。

當天晚上我撥了電話給主任，花二十分鐘的時間把A、B兩間補習班再做一次深入解說，並且針對主任選B的三個理由，一一提出A也可以做到。而主任在電話裡也提出了幾個選A會有的風險，每當他說一個理由，我就看著提案裡的分析表，想著要怎麼做回應。

主任最後問我：「妳明白我剛剛到底說了什麼嗎？」

我那時還自以為瀟灑的回他：「我打來只是想告訴你為什麼我堅持要選A，但你是主任，你說了算，我明天把簽呈改成B，這樣可以了吧！」就掛掉電話了。

隔天早上主任約我到會議室談話，他僅要求我做到放輕鬆，專注聽他說明選擇B的理由，並解釋這份簽呈因為費用權限的因素必須走特別簽呈，因此得從總經理的視角來做選擇，避免被打回票。

說也神奇，經過他解說之後，我也認同了B的選擇，更對自己前一晚電話中的無禮行徑感到抱歉。

【應用解析】

遇到衝突時，橘色人不服輸、一心想贏的性格往往會顯露無遺，完全聽不進他人所提出的想法，心裡只想著接下來該如何回應或反駁，以免自己的觀點被弱化。要知道，有時這一回合的贏，只是他人希望快點了事而選擇委屈求全的做法罷了。

面對衝突時，不妨考慮主動建立一個尊重彼此的溝通氛圍，抱持著同理心聆聽，努力了解對方對事情的看法，把發言權先交給對方，提醒自己不干擾、不打斷，安靜但放輕鬆的專注傾聽，這麼做有助於自己易地而處，從對方的角度來思考。而在對方解說後，別急著給予回饋指導，而是用一句「我了解你」、「我聽到了」來取代你一貫給予建議的做法。

如同前面所說的，衝突產生後，要化解衝突有三個步驟：約定談話時間、展開對話、達成具體協議。如果能多加留意自己的顏色性格在展開對話階段時慣有的習慣，將之做些調整，讓自己的溝通表達模式能有些彈性改變，將能加速衝突的化解。

學員辨色變色溝通實例

政鈺機械股份有限公司營業部經理　廖怡雯

對一個業務人員來說，總是希望訂單能如期順利完成，每次和廠長溝通，都是我痛苦的來源，因為他常告訴我：「不可能！」或「很難做！」，我每每忍不住的質問：「為什麼？」

某次我忍不住氣憤的拍桌問廠長：「那你到底要不要做？」

廠長沈默了三秒，站起身說：「很難做，不可能啦！」隨即走出會議室。

這次衝突之後，我仔細回想廠長的做事風格：謹慎保守、每張稍有不同於標準程序的訂單，他都看到風險，他覺得改變程序就得調動人員，這樣會造成別人的不便與麻煩，擔心破壞和諧的工作步調。忽然，我腦中閃過四色對照表，瞬間恍然大悟，原來藍綠色的自己面對的是個金藍色的人，而我竟傻到總是用綠色去跟金色廝殺，怎麼不試著用藍藍和諧的方式溝通呢？

「廠長，這訂單要麻煩你！」我搶先在廠長說出「不可能」的標準台詞前說：「我知道這不可能，因為調動可能會讓別人有些不愉快，我知道你的辛苦，但你擔心的這些我都先了解過了，不會影響現有的排程，這和上次某訂單一樣，所以廠長這次真的要拜託你了！」

廠長微笑接過訂單說：「你說的也對，大家互相，我來處理，你們業務也辛苦了。」我微笑著慶賀藍藍和諧溝通大成功！

卡姊出色應用解析

怡雯過往和廠長之間的溝通互動方式，讓兩個單位的工作績效容易身陷失衡狀態，從事業務工作多年的怡雯，從大局考量，有彈性的不再執著用綠色做應對，而是選擇彼此都很熟悉的藍色語言，應用了**「什麼事情＋帶給廠長的感受（造成的困擾）＋怡雯期待的做法」**，方法一變讓廠長的回應也變了，兩方都能如期完成任務。

性格很難改變，可以改變的是溝通方式。

狀況四：如何提出請求才容易讓對方答應——

台南鳳梨王子楊宇帆出產的鳳梨遠近馳名，有次在臉書看到他寫著：「新鮮鳳梨下單——優先服務老顧客。」

愛吃的我在底下留言：「買過鳳梨乾可以算老顧客嗎？」這則留言既沒被回覆，也未被按讚。那篇文章少說有上百則留言，看來即使是他的老師兼臉友這角色，都很難讓他破例被受理。

越吃不到就越想吃的我，過了幾天再次看到鳳梨王子的臉書發了關於鳳梨寄送的文章，於是我看了看他來上「出色溝通力」課程時的照片，回想著他的溝通性格，然後換了一個他會接受的請求方式。

我在文章底下留言：「我好想收到，可以把簡訊（訂單）當成八天後送我的生日禮物嗎？」

三分鐘不到，鳳梨王子立刻在版上回我：「好！生日跟孕婦最大！妳八天後等我！」在生日前一天，我收到了夢寐以求、人生中最甜美的十八顆鳳梨。

開口請求他人，對多數人而言並非簡單之事，總覺得不好意思麻煩人家，或是擔心對方認為自己臉皮厚，最後過不了的往往是自己內心糾結的關卡。

建議在提出請求前，別一開始就認定對方一定會拒絕，因而就放棄開口。只要開口就有一半的機會，不試試看怎麼會知道對方真實的想法呢？其實，只要掌握「有限度、別過度」的原則，就有機會讓對方衡量他的狀況能否提供協助。

除此之外，越了解對方的溝通性格，以他喜歡、習慣的溝通技巧和模式來提出請求，成功的機會就會越高。

不同的顏色性格在面對他人提出的請求時，什麼樣的溝通表達模式會是他們喜歡的呢？而在提出請求之前，若能多加掌握可以影響對方點頭說「好」或搖頭說「不」的關鍵要素，將讓請求更容易達陣。

對藍色人要這樣提出請求

①再多些同理心

有次我和一位知心好友約好一起搭普悠瑪號去台東旅遊，不過我住台北、他住新竹，我的座位在四車，他則在五車，我們的位子差了一節車廂，可是從台北到台東三個半小時的車程，我們實在很想坐在一起聊聊天。

於是在台北車站上車後，我觀察坐在隔壁的大哥，看他一舉手一投足的樣子是個很憨厚客氣的人，我心裡想著要怎麼開口說換位子一事，直到過了松山車站，我深呼吸一口氣後，開口問他：「這位大哥，請問您要坐到哪一站？」

他簡單回道：「花蓮。」

我急急的說：「我和朋友分開買票，所以位子沒被排在一起。他在前面五號車廂，可以和您換位子嗎？」

大哥低頭看著他的車票，我癡癡的望著他，空氣凝結了十秒鐘之久，而他遲遲沒有回應。

我不死心，再一次刻意將語速放緩：「大哥，我跟朋友很久沒見面了，可以請您幫我們這個忙嗎？」

「您是坐靠走道的位子，我朋友的座位也是一樣。」

「我可以請朋友先把票拿過來給您看，我們再一起把您的行李拿過去。」

大哥總算抬起頭看了我一眼，讓我燃起一線生機。

我把握時間雙手合十，露出一副快哭的表情跟他說：「拜託嘛！」

終於，大哥用那親切又充滿人情味的台語說了聲：「好啦！」

【應用解析】

藍色人對於別人提出的請求，都會希望自己能夠幫得上忙。他們都是先設想別人的期待，然後才想到自己的意願，因此當他沒有一口答應，就表示他有所考量或十分猶豫。

此時不妨多展現一點同理心，讓藍色人感受到你也有從他的角度做考量，然後在提出請求後，緊接著說出他答應後可能會有的狀態，或是提到他可能會有的

犧牲，像是時間、體力或資源等，最後再次請求他幫這個忙。

②別讓他無條件幫你

Winnie是我過去從事HR工作時的同事，她就坐在我隔壁，負責招募工作。我們差了幾歲，她對我相當尊敬也很客氣。

我們共事一年後，部門掀起一陣離職潮，負責勞健保和團保的同事突然離職，兩位實習生的合約也到期了。

當時Winnie先接手每日都需謹慎處理的勞健保作業，我則是接手團保的工作。

只不過人都還沒補上，Winnie就因為身體因素得暫時休息，整個部門只剩下兩個人。另一位同事負責薪酬、獎金和出缺勤，完全沒有多餘的時間接手勞健保，所以可以接手的不二人選就是我了。就這樣，我白天負責招募工作和勞健保，晚上則處理教育訓練業務。

招募系統有手冊說明可以參考，加上過去有多次協助校園招募的經驗，不難上手；但面對完全陌生的勞健保，我則完全不知該如何下手。而且一旦出錯，公司可能會受罰，或讓員工權益受損。

第一天在負責薪酬的同事幫忙下，表單改來又改去，還打了好幾次電話詢問健保局才終於搞定，但我還是完全摸不著頭緒，只好在晚上九點打了通電話給Winnie。

「Winnie，妳明後天可以來當我的勞健保指導老師嗎？」

「可以啊！沒問題。妳今天還好嗎？」

「健保局應該把我的聲音列為黑名單了吧！今天至少打了十通電話過去。」

「真是辛苦妳了。」

「明後天妳來，麻煩一定要把我教會喔！今天我有跟主管申請兩天的指導費要給妳。」

「難得我也有可以教妳這位『訓練狠角色』的專業呢！還有錢可以賺真好。」

【應用解析】

藍色人會答應請求，往往都是出自真心想幫你，尤其能在自己的專業或興趣領域上給予他人協助，更是讓他們內心充滿「被需要」的感受，相對也就不那麼在乎實質上會帶來的好處或利益。

不過，沒有人有義務無條件的幫你，在向藍色請求協助時更要提醒自己，他雖然不在意也不求回報，可就因為這樣，**你更應該在事前想想可以如何表示感謝，主動提出相對應的條件讓他答應你的請求。**

對綠色人要這樣提出請求

①讓他成為臨門一腳

我踏入教育訓練領域的第三年，開始接觸員工關懷活動。聖誕節是跨部門同事間交流的機會，但也正逢年底，幾乎沒有多餘的預算，只能到各部門遊說主管們提供資源。

由於過去和各部門主管都維持著良好的關係，在請他們捐助摸彩禮物支持聖誕活動時，他們都二話不說就答應了，舉凡DVD Player、翻譯字典、演唱會門票等應有盡有。

這當中最棘手的並非是各部門主管，而是總經理。她是財務背景出身，對於各項費用精打細算，凡事重視成效，要她點頭動用總經理室的預算來支持聖誕活動，簡直是難如登天。

在拜訪完八個事業部後，我帶著各部門主管贊助的禮物清單給總經理看，並向她提出請求：「總經理，這次聖誕活動不在原本的年度計畫內，處長指示我們以零預算來執行這項專案，現在禮物都募集得差不多了，但比較大的問題是餐費還沒有著落，不知道總經理可以助我們一臂之力嗎？」

總經理一口答應：「等你們活動結束，直接把餐費掛在總經理室名下。」

就在我說完謝謝，轉身準備離去時，她又說：「活動前我會請祕書拿一支OKWAP（當年很流行的昂貴手機），給大家當摸彩禮物。」

回到辦公室後，我興奮的把過程說給同事們聽，大家都直呼太不可思議了！

【應用解析】

當他人提出請求時，綠色人會先思考做這件事的意義是什麼？對他而言能從中得到什麼好處、收穫或成長？意義與價值是他相當在意的指標。

加上他凡事都要眼見為憑，讓他看到你的認真付出就顯得相對重要。**在你提出請求前付出過什麼努力、成效如何，都請具體的讓他看到，然後在最後緊要關頭時，再來請求他成為該事件成功的關鍵力量。**

②別拐彎抹角、含糊不清

Rex 是「出色溝通力」公開班資深學長級的學員，也是位工程師，閒暇之餘相當熱中跑步和攝影，除了正職工作外，假日也常跑各大婚禮現場擔任攝影師。

每每在臉書上看到他放上的作品，都令人為之驚艷，透過技巧營造出別具風味的視覺美感。好幾次我們「出色」的社群活動，同樣的場景、人物，我們拍的照片和他拍出來的等級完全無法相比。

有次邀請他來擔任「出色應用」的學長分享，我也順道提出額外的請求：「上課那天，你可以帶專業相機幫我拍幾張照嗎？」

Rex 接著問：「可以。卡姊，妳想要拍出什麼樣的風格？」

深知 Rex 極具攝影專業，我強忍著沒說出「都可以，由你決定」，而是具體的描述出：「專業有氣勢，但又不失知性美。」

他給了我些拍照時的指導：「好，那明天開場麻煩妳在洋裝外加件西裝外套，看到相機在妳面前時，妳就定格五秒，我會利用這短暫時刻捕捉妳內在的神韻和知性。」

課程結束隔天，他就丟了張照片給我說：「這張我覺得神情很到位，不知道有沒有符合妳的要求？」

我順勢提出請求：「拍得很棒！方便請你花三十分鐘的時間幫忙去背嗎？我想提供給公司做文宣使用。」

【應用解析】

綠色人做事強調精準，與人溝通時，期待以最簡單直接的方式做互動，因此有所請求時直接提出即可，無須拐彎抹角，無論可不可以，他們也都會直接給予回應，從不拖泥帶水。

不過在對他提出請求前，得先想清楚你做這件事情的目的和意義，還有你期待他給予什麼樣的協助。**要能具體明確的說出目標，如果能將達成目標所需付出的代價也一併提出，那麼他能評估的指標越多，請求達陣的機會也就越高。**

對金色人要這樣提出請求

①掌握互惠原則

初到公司時，大家都跟我說林協理做事中規中矩，幾次想約他進行一對一的訓練需求訪談，卻總是被他以排滿大小會議為由婉拒，或是建議我訪問他底下各課室的經理，整合需求後再呈閱即可。

有天送文件到他們部門時，看到幾位同事在討論隔週中午要如何幫協理慶生，鬼點子一堆的我也湊過去加入討論。

週五下班時，我特地跑了趟淡水老街，自掏腰包花五百元請街頭畫家畫了張協理變身為超人的彩色素描畫，趁週日晚上到公司去貼在他的辦公室門口，讓他一早進辦公室就有個驚喜。

中午的部門慶生會我也一同參與，以人資的名義做了一支影片在餐會中播放，影片中記錄了他在公司二十多年來，參與各項海外活動和集團內大小場合的身影。

林協理專注的看著影片，手中的披薩一口都沒有咬。等影片播放結束後，微暗的會議室裡，我透過蛋糕上的燭光看到了協理的眼睛閃閃發亮。

那年年底，我再次透過祕書提出想和協理進行訓練需求訪談，居然成功了。一進會議室，林協理第一句話就說：「妳真的太有毅力了，不簡單。謝謝妳這兩年來給我們事業部的支援和資源，我給妳三十分鐘的時間，開始吧。」

【應用解析】

金色人在面對請求時，首先考量的會是自己的行程安排、資源、預算或人力是否允許，以及這件事的輕重緩急和優先順序，然後再決定是否要給予協助。他們深思熟慮，考量較為全面，不輕易答應他人的請求。

不過他們是那種你幫我一分，我就欠你一分，且一定要還你一分的性格，所以平時不妨先主動幫忙，**做一些對他有助益的事情，他們會心存感激，當有一天你提出請求時，他會認為太好了，還人情的機會來了。**

②以退為進

公司表揚大會向來是由人資和營管部門聯手負責，而Mike和我被主管指派一起負責這個專案，並指定由我們兩個上台主持這場大型盛會。

第一次開會時，我跟Mike說：「我們來想想看今年的主持能不能有些不一樣，不然員工都覺得看膩了。而且去年也是我主持，如果又是一樣的戲碼，我自己都覺得很沒挑戰性。」

Mike問道：「可表揚大會不就是固定介紹得獎者，讓他們發表得獎感言嗎？還是妳有什麼其他建議？」

我想了一下，提議道：「Mike，要不然這樣好了，我們不要分段主持，而是從頭到尾都兩個人一起主持，在台上互相丟梗。」

Mike立刻說：「我不要，妳反應超快的，我怕跟不上妳的節奏。」

聽到Mike說不要，我有些失落，但以我對他的了解卻也不意外。

接著我們就跳開來討論其他事，在他起身去倒咖啡時，我靈機一動，興奮的說：「不然這樣，第一位得獎者由我介紹上場，等他分享感言後由你來結尾，然後再接著介紹第二位得獎者上場，結尾再換我，就這樣循環，你覺得如何？」

Mike回說：「好啊！這樣我不會有這麼大的壓力，而且我們就會很認真聽每一位得獎者的感言，而不會只將焦點放在自己主持的段落上。」

【應用解析】

金色人做事相對保守，因此面對一個與過去模式完全不同的請求時，通常不太願意跳脫習慣的模式去嘗試做改變。而當狀況不能掌控或無法預測時，也會讓他們不多做考慮就拒絕。

因此對他們提出請求前，可以先說一個大的，讓他覺得這請求太過分、不合理或風險過大，等他拒絕之後，你再退讓提議一個小的，這時他會自己認為這相對合理多了，也提升了答應請求的機會。

對橘色人要這樣提出請求

①階段性進攻

二〇一六年，我為了感受奧運盛會，隻身一人前去語言、人種、環境都完全陌生的巴西。第一站抵達聖保羅，在各大捷運出入口都能看到足球比賽的賽程時間看板。

我原本沒有計畫要看足球比賽，連續兩天一直看到看板，便研究了一下時間表，發現在飛去里約前還有兩場可以看，於是打算去體驗一下足球在這個國家的瘋狂和魅力程度。

隔天中午，我直奔現場才發現沒有售票亭，原來限定只能刷 VISA 卡線上購票。當時正值台灣半夜兩點，我決定上臉書求救，而大半夜還在線上的就只有小罐一人。

我傳了訊息給小罐：「我在巴西，想找妳幫個忙可以嗎？」

小罐秒回：「沒問題，妳說吧。」

「妳有 VISA 卡嗎？我只有 Master。」

「有啊！需要幫什麼忙？」

我站在足球場外，看著小罐回覆的訊息，開心的尖叫個不停。

「可以借我刷張足球票嗎？」

「沒問題！」

下一秒，她的信用卡和 CVS 號碼「噹」一聲出現在我的手機螢幕裡，不知是淚水還是汗水也同時滴落在螢幕上。

那天下午，我看了辛巴威對加拿大的女子足球賽，現場五萬人一起吶喊的感動，那份震撼與激動到現在我都難以忘懷。

回到飯店後，時間已經是台灣的早上，我又傳了訊息給小罐。

「足球賽超棒的，多虧有妳的萬能VISA，我回到飯店了還在回味。」

「呵呵，要是我也會去看啊！」

「再跟妳商量一件事。」

「嗯！妳說，我使命必達。」

「如果想加看其他奧運比賽，可以再跟妳借卡來用嗎？」

「這有什麼問題，一定要看的。」

【應用解析】

橘色人很重情義，總把朋友的事當作自己的事，只要朋友開口就會盡全力協助，即使自己能力有限，也會想辦法幫忙解決或引薦他人協助。他們很享受在對方提出請求後，在彼此的溝通互動中可以展現出「這簡單，我來沒問題」的氣魄。

不過，**橘色不喜歡在被請求的過程中有被掌控或指示的感受，因此建議從小小的要求開始，然後再不斷往上加，他會為了想給人前後一致的印象，一個接一個的答應你的請求。**

②別浪費他的時間

我在二〇一六年八月從南美洲返台後，受邀到謝文憲（憲哥）之前在環宇電台主持的廣播節目「憲上充電站」，和聽眾分享勇闖南美洲的過程。這個節目的聽眾族群很廣，有位年輕男生 Hank 就是聽到這一集的廣播內容，於是主動跟我聯繫。

那天他傳了訊息給我，詢問我有關阿根廷簽證準備一事。他問了些關於簽證、訂房、行程和邀請函等事宜，我也一一的回覆他。

兩天後，Hank 請我幫他看行程計畫是否妥當，我打開檔案後有些傻眼，因為裡面只簡單的寫了五行。我一邊看，他一邊又傳 e-mail 來請我教他訂房記錄的取得方式。

於是我撥了通電話給他，從行程如何安排到簽證面試要注意的事項，還分享了阿根廷的住宿、景點建議和交通方式，聊了將近一個小時。

之後每天晚上他幾乎都會告知他的最新進度，同時也說很擔心沒準備好會被刁難，我都簡單回應，告訴他沒有他想的那麼可怕。

直到有天 Hank 傳訊息問我：「卡姊，Excel 要怎麼列印出來？需要轉檔嗎？」

我回他：「不用，直接印出來即可。」

「可是我遇到一個問題，有些地名很長，把表格給拉長了，現在變成了七十九頁。」

看到這段文字訊息，我有點惱火，覺得他怎麼會連這種基本文書作業的問題都來問我，我完全不想回應，但又得顧及自己的形象，只能回他：「考倒我了，我當時只有一頁，這你可能得請教 Excel 的專家了。」

一個月後，他又來問我：「繳交的英文訂房記錄要怎麼用？」

「我之前沒有這樣被要求，這些細節建議你可以去背包客棧問問看。」

從那次之後，他就沒有再來請求過協助了。

【應用解析】

對於他人提出的請求，如果極具價值或挑戰，橘色人會欣然接受，甚至會雞婆的幫對方多想、多做。重點是要讓他們有種非自己不可的感受，他們才會覺得有趣、好玩。

因此，**如果你的請求是過於基本或是一成不變的庶務事項，千萬別輕易對他提出來，除非你有把握將這樣的請求講得只有他可以做到，不然他會認定你是在浪費他的時間，他可沒那閒工夫幫你做這些誰都可以辦到的請求。**

請求的訊息要傳遞出去才有機會成功，別因為害怕被拒絕，而什麼都不做。可以先試著辨識對方在接受請求時的顏色性格，再來擬定提出的策略和方法，同時要避開他會婉拒的要素。如果請求失敗了，請記得反思是在哪個環節出問題，下次再繼續嘗試，相信一定會找到讓對方答應的模式。

學員辨色變色溝通實例

花蓮基督教門諾會醫院專科護理師　蘇柔如

在醫院工作，除了臨床事務外，還有許多行政工作需要處理，如課程規劃、開會討論專案等等。某次會議上，我被要求規劃一個課程，而課程需要牽扯到經費、人事、場地、跟其他事物等，很多行政程序上需要處理，問題是我沒資源只有方向。我提出我可能需要的協助幫忙，主管不是說：「你可以的，我相信你」，就是說「還這麼久，不急，我們到時再討論……」然後匆匆離開。

仔細回想這幾次的溝通，主管喜歡挑戰新事物、不拘小節，總是將「有機會就要試著衝衝看」的話語放在嘴邊。我看著卡姊溝通力課程送給我的小卡，快速檢視一遍，主管是個典型的橘綠人，而我則一直在用本色藍金跟主管溝通，不僅主色搞錯，連次要顏色方式也用錯。當時，我決定回家重新思考，改變策略。

首先，不刻意預約時間找她討論課程，而是製造巧遇機會，當時主管剛上完一堂課程，我不經意出現，寒暄後，先提出讚賞：「主任，妳的課準備很久吧？妳好厲害喔，很無趣的題目聽妳分享完都超有趣的，而且讓現場的氣氛超歡樂，我真該找機會跟妳請教的，我在辦課程上真是太弱了！」趁主管心情大好之際，主動詢問我有什麼需要協助時，我順勢講出自己的需求及困難。就這樣，在跟主管走回辦公室的路上，我爭取到我的經費、確認了場地人事，還邀請她為當天課程做開場。不僅讓課程圓滿結束，還得到高分評價，獲得主管的賞識。

卡姊出色應用解析

開口請求他人的協助對多數人而言並不容易，尤其面對主管更是如此，深怕主管認為自己能力不足，然而職場中若能藉助他人的力量，往往能事半功倍。

柔如在前幾次與主管的請求互動中，未能得到明確的回應，她並沒有因此放棄或推託，而是選擇從中分析主管的性格，掌握綠橘性格喜愛的模式，巧妙機靈的**在溝通應對中讓主管有非她不可的感受**，最後獲得主管主動的大力支援。

在請求上讓對方有優越感，越清楚對方的喜好厭惡，越能掌握如何提出請求，往往一次就成功。

狀況五：如何讓對方願意接受你的道歉——

自從實施一例一休後，安排員工在週六進行教育訓練的企業明顯增加。

亭如在三月中就已經和我敲定四月和八月各安排一個週六的時間上課。四月我們如期在台中完成「出色溝通力」課程，當天的學員都頗為資深，但主動學習的態度卻令我印象極為深刻。

八月是培訓旺季，我在七月中旬就已將講義與課程需求提供給亭如，八月初她還來信確認細節，但在課程前三天，早上八點就接到她的來信，信中寫著——

「一早收到公司主管通知，八月十二日理處級主管奉命要參加另一項活動，若八月十二日的課程調到十月二十一日是否可行？我再打電話跟您說明，謝謝！」

三天前才說要延期，我不單傻眼，更是難以接受。

五分鐘後亭如來電，電話才剛接起，亭如在那頭就急著說：「卡姊，對不起，因為我們公司內部的活動，讓妳損失了一天的收入。」

我順著亭如的話回應：「對啊！我八到十月的週六全部滿檔，十月二十一日已經有其他公司安排課程了，週六最快的時間要到十一月十一日，不行的話，今年就沒有其他時間了，我們就直接取消課程也沒關係。」

掛掉電話不到十分鐘的時間，我就收到亭如的來信——

「Dear 卡姊，再次向您道歉。對於本次的突發狀況，真的不是一句抱歉就可以彌補。我們的課程可依老師的時間調整到十一月十一日，不知老師是否還有意願幫我們上課？靜候老師的回覆。謝謝您！」

一週後，亭如竟然透過助理取得我的住址，寄了張卡片和他們公司的產品再次致歉。更周到的是，等到上課當天，她明明已經留職停薪，卻還託同事轉交兩款五月天紀念款的台灣啤酒送給我。

亭如的道歉無論是在話語、行為以及時間點的掌握都相當合宜，而最令人讚嘆的是**具有同理心的說出我所蒙受的損失**，這無疑是將危機變成轉機的最佳道歉示範。

開口道歉並不是那麼容易的事，如果你願意開口賠不是，除了可以參考「回顧事件細節」、「計畫如何道歉」、「讓彼此對話」、「承諾」這樣的流程外，更要因應對方的顏色性格做調整。不是你想說什麼，而是對方想聽什麼，才能讓對方願意接受你的道歉。

向藍色人道歉的方式

①感同身受的表示悔意

我習慣在收到信用卡帳單時會逐筆檢視，有一次帳單上出現同一筆金額刷了兩次，但我一直沒時間去找店家要求退款，直到兩個月後剛好在附近上課，下課後就刻意繞過去。

走進店裡解釋來意後，店員立刻請老闆出面處理。老闆聽到店員轉述問題後，面無表情的對著我說：「多少錢？」

反倒是我客氣的說：「您稍等我一下，我打開電子信箱確認帳單。」

就在我好不容易找出電子帳單想給他看時，他用冷冷的語氣說：「妳告訴我多少錢就好。」

於是我也冷冷的回應：「九百二十元。」

老闆倒是很爽快的就把錢放在桌面上，當下我心裡超級不爽，很想丟下錢轉身走人，但還是忍住怒火想著何必跟錢過不去，就這樣拿著錢離開。

走出店裡，我心裡一直想著：「太誇張了，因為你們的疏忽才讓我多跑一趟，連聲抱歉也不會說嗎？」

兩天後，我上店家的粉絲專頁留言，反映當天事情發生的經過和我當下的感受，以及我認為他們對於顧客應該要有的行為展現。

過了一週，我終於收到了道歉：「不好意思，那陣子適逢店裡換刷卡機，所以工讀生才會有這樣的疏失，造成您的不便敬請見諒。」

看完這回覆後，只是讓我更篤定不會再踏入這間店。

【應用解析】

面對他人的道歉，藍色人在意的是對方能否同理他的感受，還是只是做做樣子，又或者只是想為自己辯護、找藉口。雖然藍色人會覺得不滿甚至是委屈，當下卻會選擇沉默以對，事後再找機會大肆訴苦。

因此**在向藍色人說抱歉時，焦點先不要放在自己身上，或是急於解決問題，不妨先列舉對方所感受到的憤怒、痛苦或傷害，接著再真誠表達自己的歉意。切記別急著為自己辯護，若真有需要澄清之處，下次再說也不遲，以免弄巧成拙。**

②別只顧著自己說

我們家的房間隔著一面牆就是另一個家庭，這面牆的隔音效果不是很理想，尤其是大聲說話時，在牆的另一端不需費力就能聽得一清二楚。

這陣子他們常為了先生過於投入工作而有些爭執，只要先生一進家門就會對著太太說：「對不起、對不起，又讓妳們等很久，我不是故意的。」

在說完抱歉後，先生會花很長的時間解釋，同時抱怨著公司主管、同事或顧客的種種狀況，導致他無法在說好的時間準時回來，而太太多半保持沉默的聽著他說。

大約十分鐘後，就會聽到太太開始哄小孩吃飯或讀故事書給小孩聽，而這樣的戲碼每隔幾天就會上演一次。

直到有天太太對著先生哭著吼叫：「你就只會道歉，說你很無奈，你有問過我心裡的感受嗎？我就不無奈嗎？」

這位遲鈍的先生竟然又開始急著解釋：「我是在工作又不是去玩，我已經說過很多次了，我不是故意的……」

那天，隔著牆還是沒有聽到太太說出任何心裡的感受。

【應用解析】

藍色人對於被理解和認同的渴求較高，在向他賠不是的過程中，他期待一開始就能被積極聆聽，他可以緩緩的用自己的方式說著內在的感受，同時你也很享受這段對話的過程，而不會中途打斷他。

在向藍色人道歉時，千萬別只顧著自己說，在你說完應該說的話後，就要把發言權完全交給他，讓他能藉此發洩心中的不快，即使有你不認同的觀點，也請別提出來做解釋，在他說完後，你若能真誠的表達出謝謝他願意透露自己的心聲，那他不只是原諒你，可能還會覺得對你很不好意思。

向綠色人道歉的方式

①長話短說，直接明確的表達

二〇一五年四月在台灣結束「商周奇點創新大賽」的評審工作後，因為我隔天在重慶有連續五天的講師培訓課程，便直奔機場趕搭飛機至上海。

上了飛機後被關在機艙裡足足一個小時才起飛，抵達上海的時間已經接不上轉往重慶的班機，但抱著其他班機也有可能大延誤的一絲希望，我一下飛機就拉著行李從一航廈飛奔至二航廈。沒想到整個航廈空空如也，我走至櫃台詢問，地勤說飛機艙門已經關閉了。

我打了電話給在地的課程助理說我沒搭上飛機，助理直說：「老師，我看上面顯示飛機還沒飛啊！您怎麼不搭呢？這樣明天怎麼上課？」

瀕臨崩潰的我，毫不掩飾自己的情緒說：「如果可以搭上飛機，我不會讓自己搭不上，我比妳更在乎能不能準時上課。」不等她回應，我就把電話掛了。

在機場旁找了間酒店入住後，我傳了訊息給助理，讓她知道酒店的位置，並請她安排明早第一班往重慶的飛機。

才剛梳洗完，助理就來電說她剛才是因為一時情急，又擔心我接下來的狀況才會那樣說，同一件事她像鬼打牆般無限循環，短短二十分鐘，光是「老師，您不要生氣，我真的沒那個意思」，就出現了十次以上，聽到後來，我已呈現半放空狀態。

最後我幫她做一個收尾，請她告訴我明天搭乘的航班和時間，然後讓我好好的休息。

【應用解析】

綠色人重視邏輯和因果關係，當你在向他道歉時，他就像是拿著放大鏡般，會從訊息中檢視並判斷你是有備而來，還是根本沒搞清楚自己為何而道歉。他會一直等你說出道歉的原因，看你是否真的知道自己錯在哪兒，以此決定他是否要原諒你。

在向綠色人道歉前，請務必釐清自己錯在哪裡，表達的訊息要符合清楚、直接和正確的原則，減少使用情緒性的字眼，長話短說，以免重視效率的他耐心不足的選擇放空，或是在腦中條列出等等要對你提出的對立觀點。

②別合理化自己的行為

天氣好的假日，到了下午總有很多父母帶著孩子到公園玩，偶爾伴隨著小孩的爭吵並不意外，不過，兩個媽媽抱著孩子吵架就很引人注目了。

手上還拿著一袋零食的媽媽滿腹委屈的說：「我都說對不起了，不然要怎麼樣？而且妳孩子站在旁邊看著我們吃，我又沒有惡意，更何況餅乾也不是不好的東西啊。」

另一位媽媽堅定的說：「妳不應該沒有經過小朋友家長的同意，就拿東西給他吃，妳根本沒有權利這樣做。」

「不然現在到底要我怎麼樣？要跪下來道歉嗎？」

「妳別把自己變成受害者，明明是妳做錯事。」

假日的午後，這場鬧劇引來很多民眾圍觀，最後怎麼收場的我不知道，只是路過的我職業病上身，心裡想著那位媽媽如果換個說法：「這位媽媽我錯了，我不該沒有經過妳的同意就擅自拿餅乾給妳的孩子吃。有些孩子對某些食物過敏，但孩子自己不會知道，這讓我知道未來應該要先問過孩子的家長。我為我的行為再次跟妳說聲抱歉。」不知道結果會不會就完全不一樣呢？

【應用解析】

綠色人追根究柢的特質，相當受不了錯了卻不承認的人，或是錯將賠不是的重點放在他的感受上，所以當他聽到「算我錯了」、「好好好，都是我的錯」這些用詞，會讓他覺得你不可理喻。

要向綠色人賠不是，開門見山第一句就是具體承認過錯，對他說「我錯了」的道歉強度和他的接受度，遠勝於用「對不起」或「不好意思」這類的字眼。**請明確指出你該為自己什麼樣的行為負責或道歉，千萬別試圖將自己的行為合理化。**

向金色人道歉的方式

①先誇大再攬下全部責任

畢業季之前，是企業前進各大校園進行招募的最佳時間點，而公司參展校園徵才博覽會更是重要的年度大事，是打響企業形象和知名度最好的機會，也是企業間比拚氣勢的場合。

當時我所待的公司正面臨人才短缺及人才斷層的狀況，我們一個月兵分各路，全台巡迴共跑了九場校園徵才博覽會，結束後，總經理請我們在年終會議上向各事業部門做成果簡報。

簡報當天，同事 Jecy 秀出各事業部支援現場面試的成果和照片時，簡報中面試人數最少的部門協理不客氣的說：「你們 HR 派我們去的學校，根本沒有多少大學生符合我們的資格要求，這樣計算排名對我們來說很吃虧，講得好像我們部門是最糟糕的一樣。」

Jecy 相當了解協理的個性，她立即鞠躬賠不是的說：「謝謝協理的指教，我們在活動前應該做好各校系的研究，比較特殊的科系應該設法和系上合作，以確保當日前來攤位面試的人數。因為我們沒有規劃周全，導致當天只有這樣的成果，讓你們失望了，更浪費了你們部門的人力，我們會好好檢討。」

協理聽完，反倒幫腔道：「說實在的，如果你們每個學校、每個部門都這樣處理，可能一個月都不用回家了。我們這些主管也應該想想要怎麼解決人力短缺的問題。」

【應用解析】

金色對於責任歸屬一事相當在意，如果在道歉過程中試圖澄清自己所需負的責任沒那麼大，避重就輕地帶過，或是刻意淡化事情沒有他想的那麼糟糕，這樣不僅無法取得諒解，還會因此而發生更大的爭執。

螞蟻要搬動大象，任誰聽了都覺得不可能，所以**在賠不是時可以先將該有的行徑舉止或方式刻意放大，然後再把所有責任都往自己身上攬，以金色人明斷是非、講求公平的性格，會因為你勇於承擔而欣然接受你的道歉。**

②別只承認錯誤，更要提出承諾

在我從事教育訓練工作時，同事 Judy 為主管辦了一堂「激勵技巧」的課程，聽說老師上課方式很特別，所以我特意撥空坐在教室後面觀課。

課堂上，我瞥到了一位非主管級的同事 Leo，於是拿起簽到單核對，發現上面並沒有 Leo 的名字。我問 Judy：「他怎麼會在教室裡？」

Judy 說：「我剛剛忙著開場沒注意到，等下課再來處理這件事。」

下課後，Judy 立刻把 Leo 叫來後面，直接問他：「這是主任級才能上的課，你知道嗎？」

從事業務工作的 Leo 機靈的拿起筆把簽到單上的簽名畫掉，直接認錯：「抱歉，我不該頂替主任來上課，還冒用主任的簽名，這完全違反公司規範。」

Judy 看他有心認錯，便沒有加以追究，但也趁此機會請 Leo 轉告主管：「請你回去跟吳主任說，請他別再讓部屬頂替自己來上課。」

Leo 以詼諧的方式表示感謝：「謝謝 Judy 這次法外開恩，饒我一條狗命，下次絕對不會再有這樣的事情發生了，我保證。」

【應用解析】

金色人重視規矩制度，並且嚴加遵守，因而在道歉時用「我錯了」、「對不起」來做表示，倒不如承認自己違反了規範或規則，這會讓他們認為你的道歉是認真的，而非隨便說說。當然，他更在意道歉之後的表現，會觀察你是否重承諾。

在向金色人賠不是時，由自己先承認違反約定或規範，會讓他們有意願往下

聽，最要緊的是在他還沒開口前，你就要先做出承諾，讓他認定你是真心悔改才道歉，而這樣的事絕對不能再重蹈覆轍，否則你在他心中的形象會徹底崩毀。

向橘色人道歉的方式

①主動提出彌補過失

從小我就視爸爸如仇人，國中時還曾經寫了封信給他，讓他知道我有多討厭他，而且不屑花他賺的錢，認為他根本沒有資格當我的爸爸。

直到長大後，在一次家庭聚會上，我跟姑姑說我非常恨我爸，指出就是因為他當了黑道大哥被抓去管訓，沒有盡到保護我的責任，才會害我在國小時差點被親戚性侵，而這個陰影始終揮之不去。

姑姑輾轉將這件事告訴我爸，而他也才終於明白為什麼我會在國中時寫那樣的一封信給他。

一個星期後，爸爸約我碰面，他坐在對面用著大哥的口吻說：「妳的事我都知道了。小時候不能陪在你們身邊，是我們大人不得已的選擇，沒有保護好妳是我的責任。妳看是要我痛揍他一頓，還是把他抓來跟妳下跪賠不是，或者妳希望我為妳做些什麼都可以。」

爸爸說完這番話後，空氣瞬間凝結，時間猶如停止般。許久之後，我才開口告訴他我的期待，我們的對話中沒有「對不起」、「原諒」之類的字眼，但我和他之間結了冰的關係卻已開始慢慢融化。

【應用解析】

橘色人十分實際，對他說抱歉或承認自己的錯誤很重要，但他更在意的是說完這些，然後呢？你要如何彌補他在過程中實質上或精神上的損失？這是他評斷你是真有心或只是來摸摸他的頭罷了。

對橘色人說抱歉前，你應該先想清楚可以提供哪些補償的選項，而哪些又是他認為有意義的。當然，除了你提出的方案之外，可以的話，讓他自己說出需求會是最理想的，不過你要有把握他提出，你就一定做得到，不然他會認定你不過是說說而已。

②別辯護，坦然接受指責

我很幸運在講師這條路上總能遇到貴人，幾年前，一位前輩讓我有機會以幫忙的名義進到他的教室裡學習。

當天下課後，在高鐵上我收到了前輩給我的訊息——

「因為我把妳當妹妹看，一定要教妳，有些社交忌諱千萬要注意，只要做錯一次就全完了。」

我腦中頓時一片空白，開始想著今天自己的行為舉止有哪些地方不得體。

手機裡陸續傳來了前輩給我的指導——

「如果下次遇到高階人物，妳只要犯了一次錯，他就不會再理妳了！

a.我沒有開口而妳主動來幫忙，我會認為妳是想學習，而我也會盡量幫忙後進。早上妳買了兩杯咖啡，我一直以為有一杯是我的，結果不是，像這類的小地方千萬要注意，否則以後一定會惹出事來。真的，相信我！

b.不管什麼時候，妳在別人的場子裡都不能開電腦，這一點也很重要。因為你們都沒有銷售經驗，跟外面的人接觸比較少，這些都是在江湖上行走的超級祕笈。」

我坐在高鐵上，用兩三行字先快速回覆：「前輩，謝謝您特意跟我說這些，謹記在心！真的好自責喔！抱歉，我這些行為一定讓人感受到不舒服與不尊重了。」

我從座位上起身，走到門邊想打電話給前輩。在那一瞬間，我想過要為自己的行為做澄清，但不到一秒立刻推翻這個念頭。既然做錯了，就該道歉，別為自己的行為找藉口。我撥電話給前輩，表示自己一定要親口向他說對不起。

結束通話後不久，我看到前輩傳來了新訊息：「請學起來吧。一起加油！」

【應用解析】

橘色人表達直接，心直口快，因此在接受道歉時也喜歡快節奏模式，當你犯了錯就立刻道歉，別想著如何修飾用詞或說法，只要稍加猶豫，就錯失了道歉的最佳時間點。記得千萬別做任何解釋，因為那對他而言都不是重點。

要對橘色人說抱歉，直接認錯並請求寬恕是首要，接著再坦然接受他的指責，同時感謝他的提點。說道歉時千萬別擺出一副楚楚可憐的模樣，而要展現出氣魄，最後再以「你可以原諒我嗎」來請求他的寬恕，讓他完全感受到你強烈的道歉動機。

道歉的方式要因人而異，說對方重視的、想聽的，才能避免弄巧成拙或越描越黑。說出道歉後，對方如何因應是他的選擇，你只要盡力做好適當的道歉，其他的就別強求，也別急著要取得對方的原諒，有時選擇原諒和說出原諒也是需要時間和勇氣的。

學員辨色變色溝通實例

馬偕紀念醫院胸腔內科主治醫師　郭冠志

阿吉學長，在學校的時候就是品學兼優的學生，做事追求效率；為人熱情，交友廣闊而且也參與許多社團活動並且擔任幹部領導學弟妹。進入醫院後，學長在臨床工作上一樣非常努力，一有學習的機會就不會放過，可以感覺出來對工作的熱情。唯一令我比較不習慣的，是學長值班過後，往往會到處說他昨天值班有多忙，幫病人做了什麼治療。聽第一次，覺得學長很厲害，聽到第十次的時候，開始覺得有點厭煩。

終於，在某次學長值班隔天，正要開始跟大家聊天的時候，我就回他「學長一定又是要來炫耀昨天有多忙了吧？」平時和藹的學長瞬間大怒，回說：「學弟你懂什麼？我昨天根本沒什麼睡，你有看到病人情況多不好嗎？」

當下我心中正盤算要不要用橘色「打哈哈」的方式隨便找個藉口混過，但突然想到學長從以前就是一個「綠橘極致」的人，藉口只會加強他的怒火，應該改用綠色直接了當地承認自己的錯誤，才能平息。

於是就在他罵完後，我馬上跟他說：「學長對不起，我不該這麼說的，我確實昨天沒看到你值班多忙，下次不會再開這種玩笑了，你可以原諒我嗎？」只見學長雖然仍有些不悅，但語氣已經和緩許多。

經過這次經驗，我也學到，對不同顏色的人道歉，要能用他們可以接受的方式，不然，只會繼續加深誤會而已。

卡姊出色應用解析

冠志醫師從過去與學長阿吉的互動中，辨識學長性格多屬綠橘色，讓他在關鍵時刻，決定變色轉檔為綠橘色人期待的應對模式「直接說對不起」，當下立刻化解了他與學長之間的衝突和尷尬。

在你知道每種顏色人期待的道歉模式後，你願意變色來表達自己的歉意嗎？說抱歉就和選擇另一半一樣，沒有最好的，只有最適合的。

PART4．辨色應用

換檔演練，溝通更上手

來做個測驗！
好了，
我做好了！
這個測驗？
目的是什麼
~TEST~
一、
A
B.
C.
二、
有時間限制嗎？
好難選喔！

一樣米養百樣人，每個人的思維溝通模式不會完全相同，我用自己慣用的溝通模式來與他人進行互動是最自在的，然而，這樣的溝通卻未必是最有成效的，若能因人而異的投其所好，「換檔」成對方期待的方式，將能有效提升溝通成效。

本篇提供四個主題的換檔演練，你可以試著先辨別【辨色應用】所列出的技巧或原則適合什麼顏色性格的人，再往下看【換檔演練】的案例，練習並學習如何投他人所好，適時換檔。

※提醒：【辨色應用】中粗體字是作答提示。

如何介紹自己

你在一個聚會現場，在活動休息時間與其他人做交流，你該如何向別人介紹自己，並讓他對你留下好印象？

【辨色應用】

下列1到8的自我介紹內容，分別適用於什麼顏色性格初次見面的人，請將數字填入下頁的四色表格中。

1. 給予對方適度的**關心**，告訴他在你的專業領域方面，有哪些是你隨時可以**協助**、**支援**他的地方。
2. 以輕鬆自然的語氣、用詞和他**聊自己最近的生活**，或一些無關緊要的話題，同時也可以請他分享看法或建議。
3. 和對方聊聊自己的工作、生活中有哪些特別或**有趣**、**驚奇**的事情，也請他與你分享他的部分。
4. 談自己的工作、專業代表作，以**數字**或是**得獎實績**讓對方知道你在工作上的專業或傑出表現。

5. 先談自己現在的狀態，再分享過去的經歷，說說這些**規劃的緣由**，最後才聊接下來有些什麼**目標或想法**。

6. 聊最近的新議題或新書，簡單陳述你的觀點，**讓對方也能做一番闡述**。

7. 讓對方知道你很久以前就知道他這個人，具體說出你曾看過他的臉書、部落格，或聽誰提過他的任何近期事蹟，**展現出終於能見到本人的興奮**。

8. 透過對話內容，頻頻展現出你的負責、忠誠、專業**可被信賴**的具體事蹟。

藍：	綠：	金：	橘：

答案

橘：**3、7**	金：**5、8**	綠：**4、6**	藍：**1、2**

【換檔演練】

依據上述因應不同性格特質的對象，以不同的表達方式和技巧來介紹自己，下面這些案例，分別面對的是什麼顏色的人呢？

·自我介紹的方式

案例一

「我是程瑤，Say Yes老師。我是幼兒園的管理者兼共同經營者，跟隨我的老闆已經有二十三年的時間，目前我們幼兒園一共有五間園所，我的工作角色是管理好老闆的園所，並且確認所有老師都在實踐他的經營與教育目標，達到孩子、家長、老師三者共好。在這樣的工作環境下，溝通顯得更加重要，我善於溝通的技巧，有很多成功案例可以和大家分享。」

——面對（　　）色家長

案例二

「Emily，妳好，好高興今天終於有機會見到妳了，我從來沒想過有機會參與這次活動，而且還可以見到妳，我是空姐報報 Emily Post 的鐵粉，超級愛看妳到世界各地的直播。我是門諾醫院的護理長，柔如，我和妳一樣喜歡接受挑戰，所以選擇專科護理師的工作。可以和妳合照嗎？」

——面對（　　）色網紅

案例三

「您好，我主要負責高雄市智慧城市發展研究，在中山大學攻讀碩士時主修資訊管理，專長研究領域是網路建置，您可以直接叫我好溱就行。」

——面對研討會上（　　）色的與會人員

案例四

「大家好，我是小花，是機械公司的國外業務，因為平常工作壓力大的關係，所以閒暇時喜歡和朋友、家人去看電影，像我最近看了電影『大娛樂家』，很推薦大家可以約朋友一起去看，這部電影會激發我們對夢想的堅持，以及隨時想著初衷。此外，我也很喜歡看書和進修，很高興有機會在社團裡認識大家，希望可以和大家多多交流。」

——面對（　　）色為主的社團成員

答案

案例一：金

案例二：橘

案例三：綠

案例四：藍

【換檔演練】

依據上述因應不同性格特質的對象，以不同的表達方式和技巧來介紹自己，下面這些案例，分別面對的是什麼顏色的人呢？

・自我介紹後如何引發互動

案例一

「您好，我是莊舒涵，是『出色溝通力』企業講師。這三年在台灣透過公開班和各大企業內訓，累計已有接近七千人學過COLORS這套工具，今年我將這套以顏色性格應用在溝通上的技巧整理成書，預計在四月底出版，如果可以，再請您多多給我指教和建議。方便請教您的工作涉及哪些研究領域嗎？」

——面對（　　）色人

案例二

「我是莊舒涵，你可以叫我卡姊就好。我的工作主要是教大家辨別別人的顏色性格，以及如何與不同顏色性格的人進退應對。這兩個月我都沒日夜的在寫關於這方面的新書，寫到頭皮三不五時就會紅腫，像長痘痘那樣還會痛，這不知道是什麼狀況？」

——面對（　　）色人

案例三

「我是莊舒涵，喜歡大家叫我卡姊，從事講師工作。在擔任講師之前，從事的是人力資源工作，後來轉戰校園講師、職涯顧問，也曾在大陸各城市擔任講師，這三年才回到台灣發展。我的職涯算是一路走來始終如一，不過也是有些起伏。您呢？很想聽您分享您的人生職涯規劃。」

——面對（　　）色人

案例四

「我是莊舒涵，大家都叫我卡姊，『姊』是大家都叫蔡依林『呸姊』的那個『姊』，我超愛她，所以她用這個姊，我也要跟她用同一個！我也超愛自助旅行，去年去了六個國家，今年二月要去冰島，聽說那裡的東西超級酷，大家都說這輩子一定要去一次，我超期待的。你有沒有去過哪個地方，覺得是這輩子一定要去一次的呢？」

──面對（　　）色人

答案

案例一：綠
案例二：藍
案例三：金
案例四：橘

如何宣傳和推廣新觀念

如果你是一位主管，要推行一種完全顛覆過去的全新觀念和工作方式，你要怎麼和部屬溝通，才能讓他們願意接受並加以落實？

【辨色應用】

下列1到8的溝通方法，分別適用於什麼顏色性格的部屬，請將數字填入下頁的四色表格中。

1. 提起你正在負責宣傳推廣一事，與他**分享**你在推廣上遇到的困難或挫折。
2. **精簡說明**要宣達的觀念，強調不同於過往之處是基於什麼問題或理由而設立的。
3. 懇請他在應用後，若有更好的方法或觀點可**提出建議和回饋**。
4. 肯定他過去的付出或遵守規定的良好表現，再**點出舊觀念所面臨的問題與**

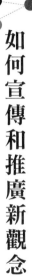

困境，而新觀念推廣又是因應什麼政策或規定而生的。

5. 以**請求協助的口吻**清楚告訴他新觀念與工作方式為何，期待他如何幫忙或因應。

6. 說一個代表性人物在聽了你宣導後**實踐力行的案例**，然後明確指出要他怎麼配合新觀念的推行。

7. 特別提出新觀念與過去最大的不同之處，並告知新工作方式的**流程與步驟**，同時提供自我檢視完成與否的指標或依據。

8. 說出對他在應用新觀念後的**成效與期待**，並希望邀他做見證或代言人。

藍：
綠：
金：
橘：

答案
橘：6、8
金：4、7
綠：2、3
藍：1、5

【換檔演練】

·新系統上線使用推廣

依據上述因應不同性格特質的部屬，以不同的表達方式和技巧來進行新觀念的宣傳和推廣，下面這些案例，分別面對的是什麼顏色的同仁呢？

案例一

「以前的紙本公文，大家在歸檔都做得很詳盡，不過辦公室櫃子有限，加上五年內的資料都必須留存，所以讓大家相當困擾，尤其是去年在導入精實管理專案時，還得去倉庫把十年前的資料一箱箱找出來。現在電子公文系統正式上線，未來只要是你經手過的簽呈都會留存在系統資料庫裡，需要時上線就可以立刻查閱。」

——面對（　　）色同仁

案例二

「電子公文我隨時都能簽，不一定要回辦公室才能看，同仁也不用站在會議室外請我出去簽名了。接下來全公司都要上線了，麻煩大家直接在系統上完成公文簽送即可。」

——面對（　　）色同仁

案例三

「各位同仁，電子公文系統已正式上線，我們除了請各廠區的資訊部門做過單元測試，也有請各廠區一兩個部門做了整合測試，不過我們期待未來在座的大家，在使用時如果遇到操作不順手的問題，或哪些功能可以再做升級的建議，都請反映給我們知道。系統永遠沒有最好，只有更好。」

——面對（　　）色同仁

案例四

「我們在測試公文電子化時遇到一個很棘手的問題，現場班長他們在操作上不是很流暢，寫到一半會不小心就按到送出，然後主管也簽了，但因為內容不完整只能再重寫一次。那個星期我每天從早上七點半就開始接電話，一直到下午四點半，簡直就像是惡夢，我都快變線上客服了。」

——面對（　）色同仁

答案

案例一	金
案例二	橘
案例三	綠
案例四	藍

【換檔演練】

・新工作異動的安撫

依據上述因應不同性格特質的人，以不同的表達方式和技巧來進行新人事、政策的說明或安撫，下面這些案例，分別面對的是什麼顏色的對象呢？

案例一

「這次的人事升遷很可惜，我們未能讓你晉升為八職等，不過你的專業能力毋庸置疑。我們都相當看好你的潛力，期待你明年能擔負起營業處新進員工的引導和陪伴者角色，協助他們上軌道。明年的職等升遷，我們希望能繼續推派你接受考核評鑑。」

——面對（　　）色同事

案例二

「在新的人事公告尚未出來前，我想先讓你知道，這次部門改組直到早上才拍板定案，部門內大家都有輪調的可能，我非常需要你的幫忙，請你寫下輪調部門意願的排序，讓我來做最後的評估和決定。我也會在公告發布前，讓你提早知道老闆最後的決策。」

——面對（　　）色同事

案例三

「下週起有兩件事要請各位配合，最近大家飽受老鼠亂竄之苦，而食物是引來老鼠和蟑螂的主因，所以第一，不留任何食物在辦公室，無論開封與否；第二，下午六點前請清理垃圾，並將垃圾桶倒扣。這兩件事多少會造成大家不方便，但為了辦公室的衛生清潔，請每日確實做好，並和隔壁同事互相提醒。」

——面對（　　）色同事

案例四

「廠長，去年我們因為組長將一個色號輸入錯誤，導致整批貨必須全部銷毀，總計損失了三成的利潤。為了避免疏忽再次發生，未來改成組長輸入後，需由主任再次確認，還請廠長協助，讓組長和主任都能確實遵守。」

——面對（　）色主管

答案

案例一：橘
案例二：藍
案例三：金
案例四：綠

不同的觀點如何達成協議

在會議室裡說明你負責的專案項目時，同事們對於某件事看法不一致，未能取得共識，主管請大家回去搜集一些資訊做研究，明日再開會做決議。會後，你打算私下去找那位不認同你觀點的同事做協調與討論。

【辨色應用】

下列1到8的協議方式，分別適用於什麼顏色性格的同事，請將數字填入下頁的四色表格中。

1. 用「我認為」來陳述自己的觀點，展現你**理性思維**的一面。
2. **指出哪些人非常支持你**的做法，並說明他們支持和認同的觀點或原因。
3. 強調若沒有照你所說的將**會產生什麼嚴重的後果**，請他給予支持。
4. 等他**心情不錯時**，帶上一杯咖啡或簡單卻刻意準備的點心。

5. 先表示若之前有讓他不滿之處，請他見諒，再**具體說出**你的觀點。

6. 以**拜託的口吻**請求他的指教，並請他給予大力支持。

7. 全心專注傾聽，**讓他說出**不贊成的理由為何。

8. 直接提出你想解決的問題和做法，再**詢問他的建議**，私下先取得他的背書。

藍：	綠：	金：	橘：

答案

藍：2、7	綠：1、8	金：3、5	橘：4、6

【換檔演練】

依據上述因應不同性格特質的對象，以不同的表達方式和技巧來跟對方達成共識，進而取得支持，下面這些案例，分別面對的是什麼顏色的人呢？

・尋求對方的支持

案例一

「經理，跟您報告一件事，我認為A廠商的市占率是九〇%，在收款上也能配合我們的票期，相較於B廠商，他們的價格雖少二%，但保固期相對也少了半年。我認為在我們導入平台後，A廠商後續的服務支援最為完善。如果可以的話，懇請經理在會議上支持我的提案。」

——面對（　　）色主管

案例二

「Cindy，我跟妳說，這白櫻桃是我每年必團購的，非常好吃，昨天晚上終於拿到貨了，我知道妳愛吃櫻桃，特地跟妳分享。對了，早上我們討論下週日來值班的事，我這次只能拜託妳了啦，妳就幫我這一次，下次妳有什麼需要我的地方，只要妳開口，我一定都說好。」

——面對（　　）色同事

案例三

「校長，上星期五提案的媒體進駐校慶活動，我假日特別花了時間整理，去年我們沒有廣發媒體來做校慶報導，最後只有在地報紙的一小篇純文字報導。今年評鑑時，我們若能展示出媒體的報導，相信會讓審查委員印象更加深刻，期望校長能給予支持。」

——面對（　　）色校長

案例四

「美雲，妳昨天在電話中提到關於貨品銷貨折讓的時間點，我這邊很難做調整，希望妳多體諒，不過我想聽聽你們公司無法依照現有辦法，期望延後的原因和考量是什麼呢？未來如果我們在天數上有做調整時，我可以提供給公司參考。」

——面對（　　）色顧客

答案
案例一：綠
案例二：橘
案例三：金
案例四：藍

【換檔演練】

依據上述因應不同性格特質的對象，以不同的表達方式和技巧來說服對方接受自己的新觀點，下面這些案例，分別面對的是什麼顏色的人呢？

‧意見不同時的協調

案例一

「Peter，今天對你擺臭臉，很抱歉啦！因為我們已經和設計師更改過很多次圖稿，不想再做調整，希望可以快點動工。我想跟你說，之前我們訓練教室的儲藏室很大，可是幾乎有一半的空間未使用，所以現在才會決定取消儲藏室的設計，改以儲藏櫃的方式做在開放空間裡。」

——面對（　　）色同事

案例二

「Peter，我告訴你，我之前去外面上公開班，他們的教室有四十坪大，儲藏室只有一坪！他們說儲藏室拿來堆放東西太可惜了，寧可教室大一點，也不想把空間讓給儲藏室。我就是參考他們教室的設計，所以沒有留空間給儲藏室，你看一〇一大樓的新教室也都是這樣設計的。」

——面對（　　）色同事

案例三

「Peter，儲藏空間越大，就越容易讓大家養成壞習慣，把東西都往裡頭塞。如果我們把儲藏室的空間挪給教室使用，讓教室更舒適，你不覺得這樣很好嗎？這樣我們未來辦活動和課程就不需要一直挪動桌椅，你就支持我這個提議啦！」

——面對（　　）色同事

案例四

「Peter，我從沒有空間設計的經驗，幾乎什麼都不懂，你有過相關經驗，今天你提到儲藏室的空間太小，但我們沒有很多東西需要堆放，所以不想浪費太多空間在那上面，你比較會規劃利用空間，你覺得怎麼樣比較好？」

——面對（　　）色同事

答案

案例一：金

案例二：藍

案例三：橘

案例四：綠

如何強調產品優勢

如果你是一個產品銷售者，在面對不同性格的顧客時，該如何與顧客進行溝通互動、如何強調自家產品優勢呢？

【辨色應用】

下列1到8的溝通方法，分別適用於什麼顏色性格的顧客，請將數字填入下頁的四色表格中。

1. 強調專業技術或領先規格，並展示該產品使用者所獲得的**具體成效或收益**。
2. **塑造**產品的使用情境，或讓對方親自體驗，強化產品**符合**其服務對象各層面的需求。
3. 強調**品質**或**成分優勢**，提供使用者見證或口碑等相關證據。

4. 說明與其他品牌相較之下，本產品的獨特與優勢為何，並在強調成效和數據時以**放大的方式來形容**。
5. 告訴對方產品的各項功能，簡單**操作並示範**使用給他看。
6. **讚美對方過去的成果**，強調產品可以如何**幫助他更好的展現**。
7. **專注聽對方遇到的困難**，先認同他面臨的問題，再提出你的對策。
8. 以**數據**來呈現出使用產品前後的比較差異和對照說明。

藍：	
綠：	
金：	
橘：	

答案

橘：	4、6
金：	3、5
綠：	1、8
藍：	2、7

【換檔演練】

・向顧客推銷產品

依據上述因應不同顏色性格的顧客，以不同的表達方式和技巧來強調產品優勢的差異，下面這些案例，面對的分別是什麼顏色的顧客？

案例一

「第三代的單晶矽太陽能電池，我們成功領先研發出×××新技術，轉換效率在量產上可從一九．二％提升至二〇．六％，性價比非常高。」

——面對（　　）色顧客

案例二

「這些是術後的臉部保養產品，瓶身上的123就是使用順序，先使用1卸妝凝膠，這不含酒精成分，抹上後用卸妝棉擦拭即可；再來用2潔顏慕絲，質地偏水狀，除了洗後不緊繃之外，還能加強保濕；最後用3柔膚水，再次提升肌膚的保濕力。」

——面對（　　）色顧客

案例三

「很多年輕人都被錢追著跑，而你還這麼年輕就懂得多元理財，看看你對於財務管理的理念和這些年的成果，我們銀行應該要請你來跟時下年輕人做分享才對。對了，現在看的這張投資型保單，你應該有研究過。你這麼年輕，可以買到年繳保費一百倍的壽險額度，也就是兩百四十萬元。但五十歲的中年人，卻只能買到五十倍的壽險，也就是花同樣的保費，卻只能買到最高一百二十萬元的額度。」

——面對（　　）色顧客

案例四

「現在接觸消費者的管道十分多元，就如同你說的，廣告很難達到成效或是接觸到想要的顧客族群，辛苦你了。我們推出的×××方案，上週顧客就跟我們分享，投了廣告後，他們現在的顧客層不再只是中年婦女，還增加了三十到四十歲的輕熟女，你所面臨的狀況，我強烈建議你可以嘗試這個方案。」

——面對（　　）色顧客

答案

案例一：綠

案例二：金

案例三：橘

案例四：藍

【換檔演練】

・讓顧客認同你的服務

依據上述因應不同顏色性格的顧客，以不同的表達方式和技巧來說明自己服務的特色與價值，下面這些案例，面對的分別是什麼顏色的顧客？

案例一

「我們不單是在課堂上讓你學會 COLORS，課後你還可以加入專屬學員的社群。在社群裡，我們會以不同的方式讓你複習顏色特質，也讓你更加了解 COLORS 的應用，而且大家在社群裡也都能互相交流。」

——面對（　　）色顧客

案例二

「上次有位學員私訊詢問，她先生很『綠』，要怎麼給予他回饋，才能讓他聽得進去。當時我人在香港，錄了一段三分鐘的回饋示範傳給她，她聽了之後立刻領悟，之後換檔溝通，順利的讓先生聽進了她的回饋。當你在換檔應用上遇到困難時，我會親自告訴你應用上的技巧與應對。」

——面對（　　）色顧客

案例三

「上過『出色溝通力』課程的工程師這樣說：『COLORS 堪稱是溝通上最好的口袋工具。』我們在課堂上就讓你學會辨別各種顏色的性格與行為展現，並提供一套八張的小卡，讓你可以隨身攜帶作為輔助工具。」

——面對（　　）色顧客

案例四

「這堂課是從課後才真正開始，我們辦一系列的『出色』活動，從淡水騎腳踏車談目標設定、吃火鍋分享出色專書，再到每年的大聚會複習活動，都可以自由彈性的依據自己喜好的時間來參加。我們的目的很簡單，就是讓『出色』不斷的出現在你身邊。」

——面對（　　）色顧客

答案

案例一：藍

案例二：綠

案例三：金

案例四：橘

職場方舟 4007

讓人無法拒絕的四色人格溝通

巧用色彩心理學，人際互動情境全解析，教你句句攻心，打動所有人！

（初版書名：《翻身吧！我的溝通力：辨色應對，100% 抓住人心，溝通零障礙》）

作　　者　莊舒涵（卡姊）
封面設計　張天薪
內頁設計　徐思文
內頁插圖　湯硯翔
責任編輯　林潔欣（初版）
　　　　　邱昌昊（二版）
編輯協力　黃慧文、林姿秀
行銷經理　王思婕
總 編 輯　林淑雯

讀書共和國出版集團
社長　郭重興
發行人兼出版總監　曾大福
業務平臺總經理　李雪麗
業務平臺副總經理　李復民
實體通路經理　林詩富
網路暨海外通路協理　張鑫峰
特販通路協理　陳綺瑩
印務　黃禮賢、李孟儒

國家圖書館出版品預行編目（CIP）資料

讓人無法拒絕的四色人格溝通：巧用色彩心理學，人際互動情境全解析，教你句句攻心，打動所有人！／莊舒涵（卡姊）著 . -- 初版 . -- 新北市：方舟文化，遠足文化，2021.01
　面；　公分 . -- (職場方舟；4007)
ISBN 978-986-99668-1-8(平裝)
1. 色彩心理學 2. 人際關係 3. 職場成功法
176.231　　109019811

方舟文化官方網站　　方舟文化讀者回函

出 版 者　方舟文化／遠足文化事業股份有限公司
發　　行　遠足文化事業股份有限公司
　　　　　231 新北市新店區民權路 108-2 號 9 樓
　　　　　電話：（02）2218-1417　傳真：（02）8667-1851
　　　　　劃撥帳號：19504465　戶名：遠足文化事業股份有限公司
　　　　　客服專線：0800-221-029　E-MAIL：service@bookrep.com.tw
網　　站　www.bookrep.com.tw
印　　製　通南彩印股份有限公司　電話：（02）2221-3532
法律顧問　華洋法律事務所　蘇文生律師
定　　價　360 元
初版一刷　2018 年 5 月
二版二刷　2021 年 5 月

貼心建議：讀者可以剪下來後護背隨身攜帶，運用「COLORS 出色溝通力」，判斷對方顏色、投其所好，掌握最適合的應對方式，讓你從此不在黑名單中，瞬間翻身！

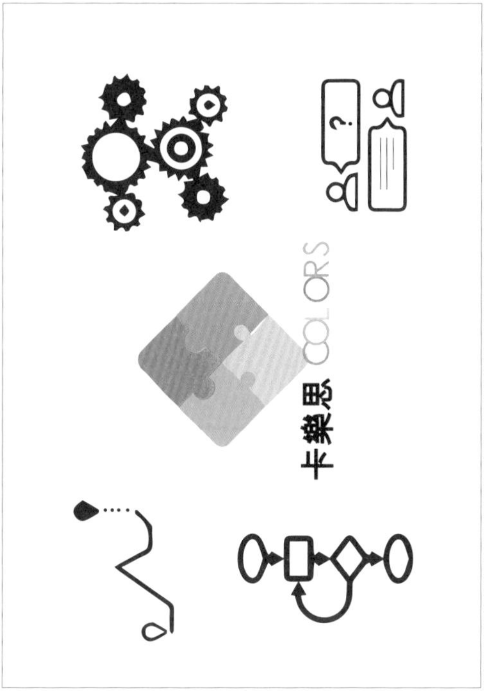

貼心建議：讀者可以剪下來後護背隨身攜帶，運用「COLORS 出色溝通力」，判斷對方顏色、投其所好，掌握最適合的應對方式，讓你從此不在黑名單中，瞬間翻身！

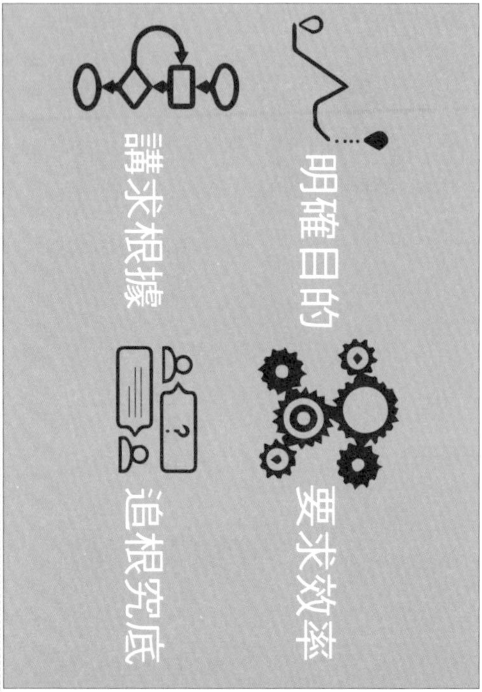

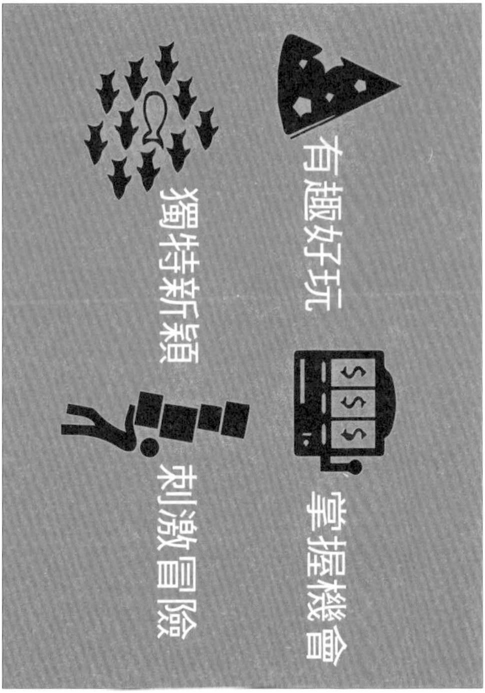

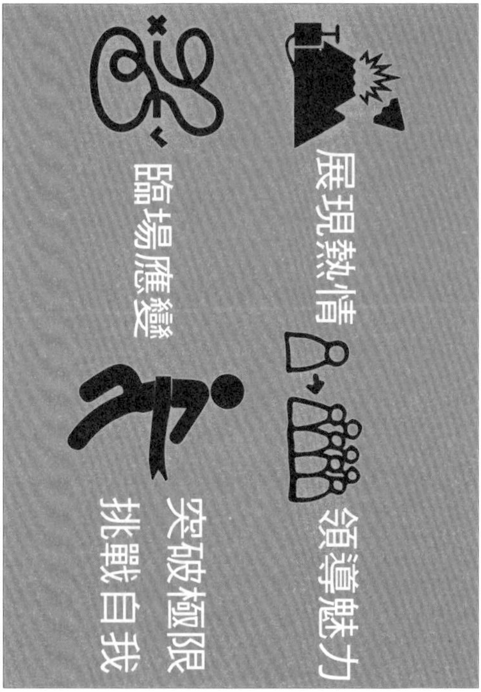

貼心建議：讀者可以剪下來後護背隨身攜帶，運用「COLORS 出色溝通力」，判斷對方顏色、投其所好，掌握最適合的應對方式，讓你從此不在黑名單中，瞬間翻身！

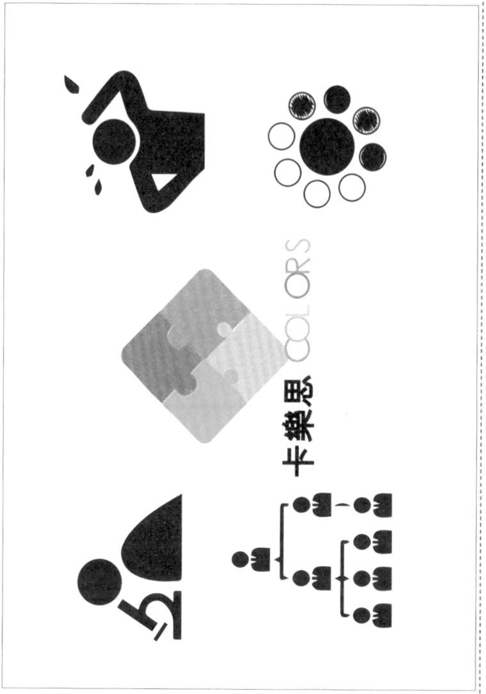

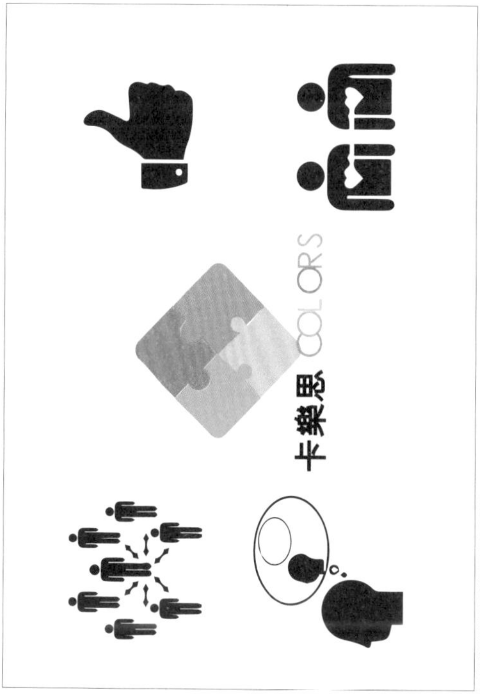

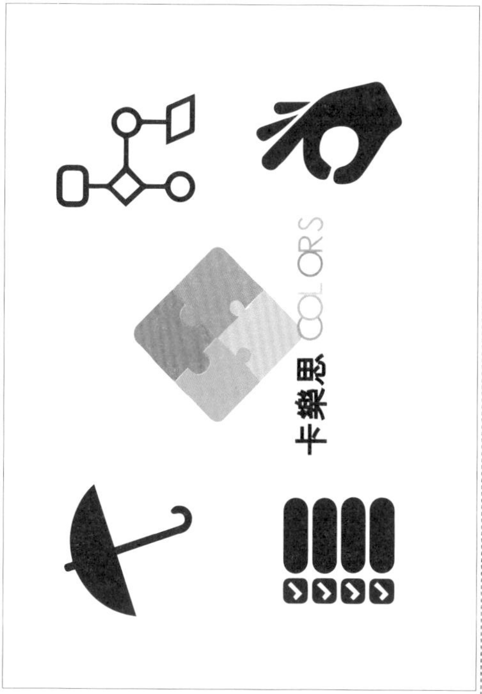

貼心建議：讀者可以剪下來後護背隨身攜帶，運用「COLORS 出色溝通力」，判斷對方顏色、投其所好，掌握最適合的應對方式，讓你從此不在黑名單中，瞬間翻身！

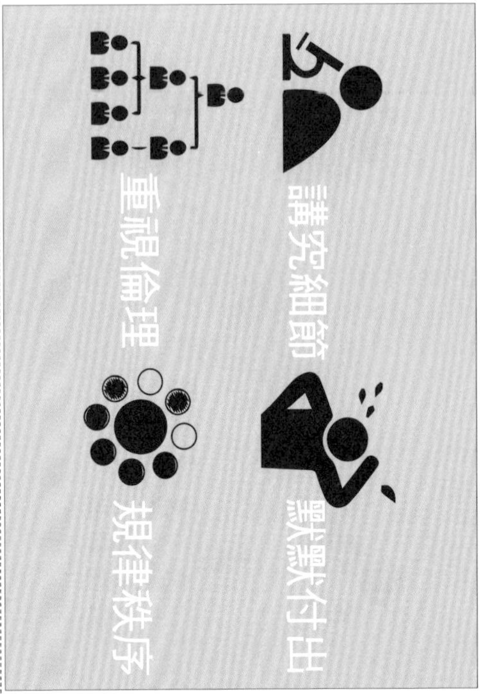

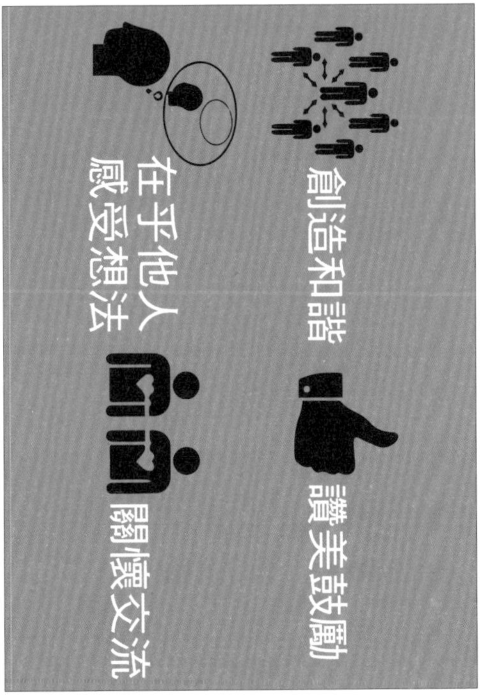

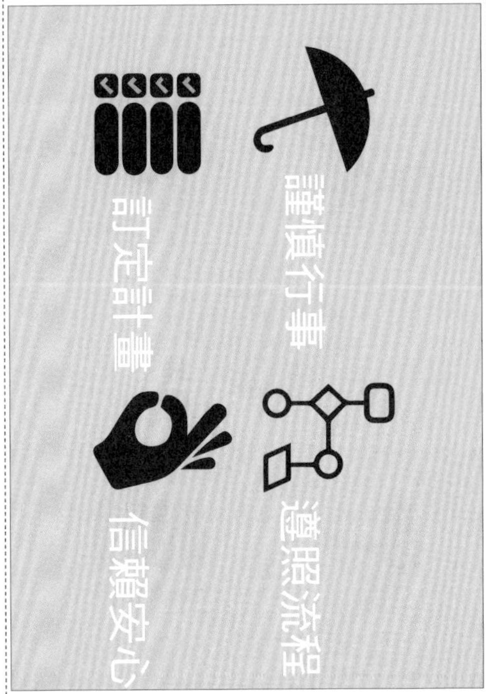